シリーズ　数理・計量社会学の応用 ①

美容資本

なぜ人は見た目に投資するのか

数理社会学会監修

小林　盾

Jun Kobayashi

keiso shobo

シリーズ序文

シリーズの目的

本シリーズ「数理・計量社会学の応用」は、数理・計量社会学の最新の到達点を、一般の読者むけに発信することを目的としています。数理社会学会が２０１６年３月に30周年を迎え、その記念学会事業として企画されました。

数理・計量社会学は、社会現象を数理モデルや計量データによって分析します。数理社会学会が１９８６年に設立されてから、この30年ほどで多くの知見が蓄積されてきました。ただ、せっかくの成果が、ともすれば一般社会にじゅうぶんに届いていないかもしれない——こうした懸念を払拭するために、このシリーズが企画されました。正式には、「数理社会学会30周年記念学会出版事業」といいます。

シリーズの特色

そこで、若手から中堅の学会員が、シリーズ各巻を（原則として単著で）執筆することとなりました。学会のこれまでの成果を踏まえつつ、自由で大胆な内容となることが企図されています。

各巻では他で扱いにくいチャレンジングなテーマが、計量データまたは数理モデルをエビデンスとして分析されます。「きっとこうだろう」と思っていたことが、もしかしたら分析の結果裏切られるかもしれません。「そんなはずはない」と、反発を感じることすらあるかもしれません。そうした知的な格闘が、たえず生まれることを期待しています。

このシリーズは、２０１６年3月に数理社会学会大会の総会で、学会事業として承認されました。編集体制は、数理社会学会監修、小林盾（企画スタート時の編集理事、学会誌『理論と方法』編集長）、村上あかね（同副編集長）、筒井淳也（同企画・広報理事）シリーズ編集となっています。とはいえ、執筆内容は各巻の著者に委ねられ、著者が責任をもちます。

おもな読者

読者として、大学生を中心に、高校生、社会人、大学院生、研究者などが想定されています。大学生であれば、前提知識がなくても、無理なく理解できる内容を目指しました。そのため、数式や図表は最小限とし、できるだけ言葉で説明するようになっています。

謝辞

学会事業として承認されるにあたり、当時の数土直紀会長、吉川徹副会長、石田淳庶務理事にはひとかたならぬお力添えをいただきました。勁草書房渡邊光氏には、シリーズの趣旨をご理解いただき、刊行を快くお引き受けいただきました。記して感謝いたします。

シリーズ編者　小林盾・村上あかね・筒井淳也

まえがき

この本の目的

なぜ人びとは、内面が大切だと思っていても、見た目を意識せざるをえないのでしょうか。私たちはハンサムや美人をうらやましいと感じがちですが、実際のところ彼らはほんとうにモテたり、金持ちになったり、幸せだったりするのでしょうか。

そこで、クイズからスタートしてみましょう。世の中の人を、ハンサム、美人な人からそうでない人まで一列に並べたとき、「最初の1／4」の人たちと「最後の1／4」の人たちを比較するとします。

Q1　ハンサムや美人はそうでない人とくらべて、（15歳から最初の結婚までの）恋人が～倍くらい多い（または少ない）。

Q2　ハンサムや美人はそうでない人とくらべて、世帯収入が～万円くらい多い（または少ない）。

Q3　ハンサムや美人はそうでない人とくらべて、幸せの度合いが（10点満点で）～点くらい高い（または低い）。

答えは、1・5倍多い、147・6万円多い、0・9点高い、です。いかかでしたか（それぞれ4章、5章、6章で詳しく分析）。

この本では、こうした美容、美しさ、容姿、見た目といったものをめぐる謎に、社会学的にアタックします。そのために、人びとの見た目がどのような原因と結果をもつのかを、解明していきます。分析の結果、美しさは平等ではなく、因果関係があって偏りが連鎖し、たとえば容姿のよい人はモテて、金持ちになり、幸せになりやすいことが明らかにされることでしょう。このように、もしかしたら美容の役割は、これまで見おとされがちだったのですが、じつは私たちの生活に不可欠な「最後の1ピース」となっている可能性があります。

この本の特色

この本では、2つの特徴的なアプローチを採用します。第一に、合理的選択理論という理論を用いて、美しさをお金や株式のような「資本」と捉えて、人びとはそこに時間や労力を「投資する」と考えてみます。これを「美容資本」とよびましょう。

そうすると、容姿は生まれつき決定されたものではなく、むしろ努力によって変えられるものとなります。さらに、投資するのはどのような人か、投資した結果どのようになるのか、といった因果関係を分析する道が拓かれます。

第二に、混合研究法という手法によって、アンケート調査の統計分析（量的データ分析）とインタビュー調査の語りの分析（質的データ分析）を、組み合わせます。こうすることで、量的分析で全体像を俯瞰しながら、質的分析でディテールの厚い記述をすることが可能となりました。

なお、この本は筆者の３冊目の著書となり、２冊目『ライフスタイルの社会学』（小林盾著、東京大学出版会、２０１７年、図はその表紙）の続編という面があります。その第１章「美人、ハンサムは得なのか」が、この本で理論的実証的に拡張されました。あわせて読めば、より理解が深まることでしょう。

この本の構成

まず序章で、この本全体の解くべき問題、理論、方法が説明されます。そのあと、２つの部に分かれます。第１部美容の統計分析では、美しさの因果関係を、アンケート調査の統計分析によって明らかにしていきます。第２部美容のインタビュー分析では、キャバクラ嬢、美容師、皮膚科医といった美容関係者にインタビューし、その語りを分析します。最後の終章で、分析結果がまとめられています。

各章は、独立していますが、順番に読むとスムーズなはずです。理解のため、各章の冒頭に要約があります。全体の内容をまず知りたい場合は、終章のＱ＆Ａから読むとよいかもしれません。本文には書ききれなかったけど、読者に伝えたいことが、４つのコラムとして末尾にあります。

謝辞

アンケート調査の回答者の方がた、インタビュー調査の対象者の方がたのおかげで、貴重なデータを得ることができました。成蹊大学文学部現代社会学科助手の渡邉悟史氏に、くりかえし原稿チェックをしていただきました。勁草書房の渡邊光氏には、シリーズ発足当初からご尽力いただき、この本が未整理のアイディア段階から完成に至るまで、つねにサポートくださいました。妻の由紀子氏には、執筆に専念できる環境を提供してもらいました。記して心より感謝いたします。

付記

本研究はJSPS科研費JP15H01969の助成を受けたものです（基盤研究（A）「少子化社会におけるライフコース変動の実証的解明：混合研究法アプローチ」、２０１５～９年度、研究代表小林盾）。「２０１８年社会階層とライフコース全国調査」はその成果の一部です。本研究は公益財団法人たばこ総合研究センターの委託による、「嗜好品と豊かさや幸福に関する社会学研究」研究会の研究成果の一部です。「２０１８年嗜好品と豊かさや幸福に関する調査」および「２０１８年嗜好品と豊かさや幸福に関するインタビュー調査」データの使用に際して公益財団法人たばこ総合研究センターの許可を得ました。２０１９年暮らしについての西東京市民調査は、成蹊大学社会調査士課程にて収集されました。この本の出版にあたり、成蹊大学学術研究成果出版助成を受けました（２０１９年度）。

美容資本　目次

第2部　美容のインタビュー分析

序章　美容資本の理論と方法

この章では、この本全体の問題設定、理論、方法を提示する。なぜ人は「見た目」を意識するのか。そのために、美しさにはどのような因果関係があるのか——これがこの本の問題である。統計分析とインタビュー分析の結果、スキンケアやメイクといった美容活動は美容という資本への投資であり、見た目とはその結果である。容姿のよい人はモテて、金持ちになり、幸せになるチャンスが増える——これがこの本の結論となる。資本であるからには増やせるので、もしあなたが合理的な人ならば、美容に投資して豊かな人生を目指すはずである——これが、この本から読者へのメッセージとなる。

1　リサーチクエスチョン

1・1　美容の因果関係はなにか

なぜ人びとは、内面が大切だと思っていても、見た目を意識せざるをえないのか。どのような人が、ハンサムや美人となりやすいのだろうか。我われはハンサムや美人をうらやましいと感じがちだが、実際のところ彼らはほんとうにモテたり、幸せなのだろうか。仕事や収入に違いがでるのだろうか。人が生きていくうえで、見た目は何パーセントくらい重要なものだろうか。美容整形をする人は、なにを目ざしているのだろうか。そもそも、容姿は投資によって変化しうるのか。美しさへの投資は、役だつのだろうか。そうだとしたら、どのような条件のときなのか。もしぎゃくに、ルックスをないがしろにしたならば、なにか困ったことが生じるのだろうか。

　この本では、美容（容姿、見た目、美しさ、容貌、外見、ルックスのよさ）をめぐるこうした謎を、社会学的に解明する。ここでは、美容の本質とは、いわば株や土地に投資するように、「美しさへの投資」にあるのではないかと見通しを立ててみたい。投資であるからには、コストやリスクが伴うし、投資分を回収する必要がある。そうしたメカニズムを、この本全体をとおして理論的実証的に分析していく。

　そのため、この本全体のリサーチクエスチョン（問い）を以下のように設定しよう。

この本全体のリサーチクエスチョン（美容の因果関係）　美容は、どのような因果関係をもつのか。とくに、人びとのあいだで美しさ（容姿レベル）に差があるのか（美容の実態）。あるとしたら、それはなぜか（美容の要因）。美しさの差が、どのように人びとに影響しているのか（美容の効果）。

　このようにこの本では美容という複雑な現象のメカニズムを、要因（原因）と効果（結果、帰結）という因果関係にわけてアタックする（図1）。いわば、分割して統治せよ、という戦略である。人びとの見た目はおそらく、一様ではなく差があるだろう。そうであるなら、その違いをもたらす要因が、なにかしらあるはずだ。それは男女や年齢のような属性かもしれないし、教育や仕事や収入のような後天

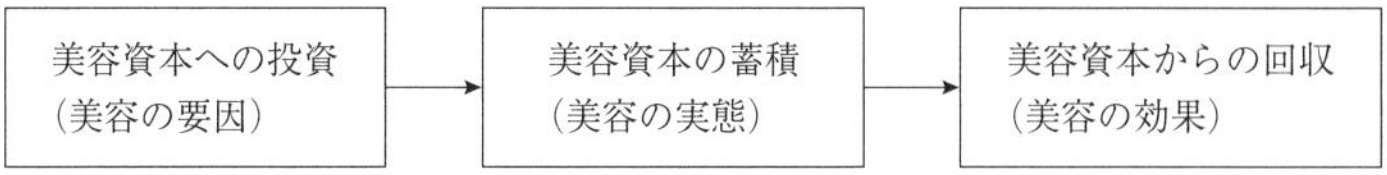

図1　美容資本のリサーチクエスチョン、理論枠組み

注）矢印は因果関係を表す。理論枠組みは仮定1より。

的な社会経済的地位かもしれない。あるいは、美容への意識や、日々の努力が異なっているためかもしれない。

さらに、美しさの違いによって、ライフチャンス（生き方の幅、選択肢）が異なってくるかもしれない。たとえば、見た目がよい人とそうでない人では、仕事や収入などの社会経済的地位が異なる可能性があるし、恋愛や結婚や出産などの家族形成のチャンスが違ってくるかもしれない。こうしたライフコースが異なると、その結果としてライフスタイルや、幸福感のようなウェルビーイングが影響されることもありえよう。

もしこの問題を解明できなければ、ともすれば美容に基づくさまざまな格差が、見すごされてしまいかねない。しかし、もし解明できれば、美容をとおしてより豊かな生き方が可能となるかもしれない。

実際これまで、ライフコースやライフスタイルにおける美容の役割が、見おとされがちであった。しかし、我われは日常生活のなかで、美しさが無視できないことを、うっすらと、だがはっきり感じている。そのため、これまでの理解がじつは見せかけであり、美容がいわば「最後の1ピース」となってパズルが完成する可能性がある。

なお、この研究はルッキズム（容姿による差別）を助長するものでは、けっしてない。むしろ、美しさの役割とメカニズムの解明を目指している。この作業がなければ、差別を解消することはできないはずである。

1・2　美容を定義する

では、美容とはどのように定義できるだろうか。この本では、以下のように用いることとする。

定義1（美容）　人びとの容姿（見た目、美しさ、外見、ルックス、容貌、美貌）のよさを、「美容」とよぶ。

定義2（美容活動）　美容を向上させるための活動を、「美容活動」とよぶ。美容活動には、身だしなみ、髪型、化粧、スキンケア、服装（ファッション）、体型（スタイル）、ネイル、歯のホワイトニング、香水、ダイエット、エステ、マッサージ、美容皮膚科を受診する、美容整形する、美容目的の飲食、運動などの行動が含まれる。さらに、雑誌やインターネットなどからの美容情報の収集、高い美容意識や流行への関心などの心理も、含まれる。

このように、この本では容姿のよさを「美容」とよび、容姿を整える（整容）ためにすることを「美容活動」とよんでいく。身だしなみのような行動から、「清潔感を保つべきだ」といった心理や規範も含まれる。

この定義によれば、美容を目的とするなら、幅広いことが美容活動に含まれる。たとえば、「ウエストを細くするために運動する」なら美容活動といえる。「健康維持のために運動する」場合は、しかし、美容目的ではないため美容活動に含まれない。このように、同じ行動であっても、美容目的であることが必要となる。

私たちは日々、歯磨きをしたり、服装を選んだり、ときには香水をつける。これらは自分のためかもしれないが、「周りの人にどう見られているのか」を気にするからでもあるだろう。美容活動から無縁な人は、他人と関わって生きていくかぎり、いないはずだ。

なお、この本ではおもに、美しさがもっとも現れる「顔」に焦点を当てて、分析する。とはいえ、服装や体型を美容の概念から排除するわけではない。

1・3　社会学的にアプローチする

この本では、美容に社会学の立場からアプローチする。社会学は社会現象を研究する学問分野の1つであり、ここでは筆者のこれまでの研究に基づき、つぎのように定義したい（小林 2020）。

定義3（社会学）　社会学とは、社会現象の因果メカニズムを、理論的実証的に解明する学問をさす。

「因果メカニズム」とは、原因から結果への因果関係の連鎖を意味する。このため、リサーチクエスチョンで「美容の要因（原因）と効果（結果）を解明する」こととしたのである。

そのうえで、この本ではとくに、「なぜ人びとはそうするのか」という「動機」を理解することを目指す。こうすることで、社会現象を表面的な連鎖としてではなく、因果が意味をもって連なる「プロセス」として把握することができる。

その他、重要な言葉をここで定義しておこう。つぎのうち社会経済的地位は、先天的な属性にたいし、後天的に達成されたものである。ウェルビーイングは「善き生」ともよばれる。これらは、美容の要因または効果として用いられる。

定義4（社会経済的地位、家族形成、ウェルビーイング） 教育、職業、収入などをまとめて「社会経済的地位」とよぶ。恋愛、結婚、出産、育児などをまとめて「家族形成」とよぶ。主観的幸福感、生活満足度、健康、ストレスなどをまとめて「ウェルビーイング」とよぶ。

ただし、この本では、データの制約から育児は分析しない。また、上流下流といった階層帰属意識を、ウェルビーイングに含めて分析する。

2　美容資本の理論

2・1　これまで解明されていること

これまで、美容は身体的魅力（physical attractiveness）、容姿（beauty）、見た目・外見（looks）などとして概念化されてきた。欧米社会における美容の役割はハマーメッシュ（Hamermesh, 2011）に、日本における美容の状況は谷本（谷本 2008, 2018）に詳しい。

まず、容姿レベルはどう測定されてきたか。ハマーメッシュの整理によれば、これまで多くの研究で全身や服装より「顔」が重視され、5段階または10段階で、その人の容姿レベルを他者が評価してきた

（Hamermesh, 2011）。出発点はキャンベル他のアメリカにおける生活の質（Quality of American Life）調査における5段階評価である（Campbell et al., 1971）。アメリカ人を対象としたもので、よくない（homely）からとてもハンサム、美人（strikingly handsome or beautiful）まで5段階で評価された。その結果、容姿レベルの評価はおおむね評価者のあいだで一致し、容姿レベルが高い人のほうがそうでない人より多かった。

美容の規定要因についての知見は、しかし、限定されている。ハマーメッシュによれば、おおむねどの社会でも「若い」ほど容姿レベルが高く評価される。ハットフィールド他によれば、男女で平均は変わらないが、女性のほうが散らばりが大きい。年をとっても、評価は大きく変わることがない（Hatfield and Sprecher, 1986）。

美容の効果はどうか。ハマーメッシュ他によれば北米社会では、容姿レベルが高い人ほど収入が多く、美しさへのプレミアムより平凡さへのペナルティのほうが大きい。効果は男性のほうが強い（Hamermesh and Biddle, 1994）。これらは自信、性格、身長、体重とは別の効果を持った。家族形成については、バスによれば、容姿のよい女性は高教育の男性と結婚し、また夫婦の容姿レベルは近くなる。結婚のチャンスに、違いはなかった（Buss, 1994）。

ウェルビーイングについては、ウンバーソン他が、キャンベル他と同じデータを再分析し、4つの感情、主観的幸福感、生活満足度、ストレスが、属性や社会経済的地位を統制しても、容姿レベルによって有意に向上することを明らかにした（主観的幸福感のみ10パーセント水準、Umberson and Hughes, 1987）。実験データを分析したものだと、ディーナー他がアメリカの学生を対象とした分析の結果、たしかに容姿のよい人ほど主観的ウェルビーイングが高かった（Diener et al., 1995）。ノールズ他がアメリカの学生を分析した結果、容姿レベルがうつ状態とは無関係であった（Noles et al., 1985）。

日本ではどうだろうか。山田他によれば、男女ともに恋愛や結婚において、一般に容姿のよさが役だつ（山田・白河 2008）。谷本は、美容整形することを「外見資本への投資」と捉え、短大卒や専門学校卒の女性に多いことをしめした（谷本 2015）。筆者他は、東京都西東京市民を対象としたアンケート調査を分析した結果、容姿レベルが高い人ほど役職につき、収入が高く（男性のみ）、結婚し子どもがいて、主観的幸福感が高かった（男性のみ、小林・谷本 2016）。このとき容姿レベルは自己評価されたが、筆者の研究によれば、自己評価は他者からの評価とおおむね一致する（小林 2017b、コラム1参照）。

日本以外のアジア社会については、筆者他がアンケート調査データをもちいて、インドネシアにおける容姿レベルの規定要因を分析した（小林・西村 2018、コラム4参照）。キャンベル他と同じように、調査員が5段階で容姿レベルを評価した。その結果、肌の白さ（肌明度）が有意に容姿レベルをあげたが、それでも教育と等価所得という社会経済的地位が高いほど容姿がよかった。同じデータで、筆者他は、容姿がよい人ほど主観的幸福感、生活満足度が向上することをしめした（小林他 2019）。

ただし、これまで日本社会全体について、美容の役割が総合的に把握されることはなかった。

2・2　美容資本への投資と回収

では、美容をどのように概念化するべきだろうか。ビョークは理論的に、結婚市場で女性が自分の容姿レベルを男性の収入と交換すると想定した（Bjerk, 2009）。ハキムは、容姿の社会的役割を理論的に整理し、経済資本、ブルデューらの文化資本（Bourdieu, 1979）、リンらの社会関係資本（Lin, 2001）とならんで、個人の資産とみなすことを提案する（官能資本 erotic capital とよぶ、Hakim, 2011）。どうように谷本（2015）は、美容整形することを「外見資本への投資」と捉える。これらは、美容を資本への投資とみなすため、合理的選択理論の枠組みを採用している。

この本では、これらと同じように合理的選択理論にたって、人びとはあたかも株や土地に投資するように、自分の容姿レベルに投資し、増殖させ、そこから成果を引き出すと仮定してみたい（合理的選択理論の概要は小林 2017c）。ここでは投資対象を「美容資本」とよび、以下のように定義しよう（美容資本概念の初出は小林・西村 2018）。美容資本は、個人のもつ能力なので、人的資本の1つの形態と位置づけられる（人的資本についてはベッカーの Becker, 1964）。

定義5（美容資本 beautiflu capital）　人びとが美容活動をとおして時間や金銭や労力などを自分の美容に投資して、容姿レベルを維持・増殖させることで蓄積し、家族形成、社会経済的地位、ウェルビーイングなどを向上させることで回収するとき、容姿のよさを「美容資本」とよび、投資することを「美容資本への投資」とよぶ。美容資本は人的資本のひとつであり、投資によって容姿レベルが変化しうる。

このように、ここでは美容をあたかも貨幣のように資本として捉えることを提案する。そのうえで、美容に投資して増殖させることで、社会経済的地位、家族形成、ウェルビーイングといった成果を向上させると考えよう。そうしたプロセスを、「美容資本への投資による回収」とよぶ。

こう定義することで、人びとの容姿レベルは生まれつき固定されたものではなく、コントロール可能で「努力によって変わるもの」と捉えることができる。ディーナー他の結果は、容姿レベルが努力によって変化しうることを含意する。筆者他の研究によれば、インドネシアで容姿レベルや肌明度は、合理的投資の結果として後天的に獲得されたものでもあった（小林・西村 2018）。

なお、ハキムや谷本では、もっぱら女性の美容が念頭に置かれていた。この定義では、よりひろく男性も含めることができる。

では、資本とはなにか。資本とは、マルクスによれば、自己増殖する価値をさす（Marx, 1867）。たとえば、資本の代表である貨幣（お金）で考えると、貨幣でなにか商品を買い、より高値で転売できれば、貨幣が増えたことになる。貨幣が自己増殖するとき、マルクスは「貨幣を生む貨幣」とよび、「自分を何倍化」するという（Marx, 1867：訳I巻198）。このように、「可変的な価値」であり、さらに「他の価値を生む」ことが、資本の条件といえる。

資本の概念は、これまで個人の能力である「人的資本」、人びとのあいだの人間関係である「社会関係資本」、個人の文化的素養である「文化資本」などへと、アナロジー（比喩）として拡張されてきた（これらの整理は小林 2017c）。これらは、投資によって変化し、他の価値（とくに社会経済的地位）を向上させるものとして、概念化されている。

2・3　合理的投資をするのはだれか

美容資本をめぐる投資、蓄積、回収の連鎖は、無関係なのだろうか。そうではないはずだ。むしろ、いわば3つの歯車ががっしりかみあうように、投資から蓄積、そこから回収がつぎのように連動していると仮定するほうが、自然だろう。これが、美容資本の理論枠組みとなる（図1）。

この本全体の仮定1（偏りの連鎖）　美容資本へ多くの投資がされる（投資レベルが高い、投資格差）と、多くの美容資本が蓄積され美しさが向上する（容姿レベルが高い、美容格差）。その結果、多くの成果が回収され、家族形成、社会経済的地位、ウェルビーイングなどが向上する（回収レベルが高い、家族形成格差、地位格差、ウェルビーイング格差）。

このように、美容資本に投資しても、容姿レベルに違いが生まれないということはないだろう。むしろ、投資レベルが（量や質で）異なれば、美容資本の蓄積レベルも異なり、その結果回収レベルも異なるはずだ。そうであるなら、結果として投資レベルにおける「投資格差」が容姿レベルにおける「美容格差」を生み、さらに回収レベルにおける「家族形成・地位・ウェルビーイング格差」を生み出すはずである。

では、だれが、どのように美容資本に投資するだろうか。ここでは、つぎのように人びとの「合理性」を仮定してみよう。

この本全体の仮定2（合理的投資）　美容資本への投資に見合う回収ができるなら、投資することが人びとにとって合理的となる。その結果、合理的な人間は、美容資本に投資する。

このように、合理的な人間なら、美容資本に投資し、せっせと自分磨きをするはずだ――そうした人間像が想定されている。では、どのような人が合理的に考え行動するのだろうか。ここでは、つぎのように教育、職業、収入といった社会経済的地位の違いに着目する。

この本全体の仮定3（社会経済的地位による合理性） 社会経済的地位が高い（教育が高い、正規雇用や専門職管理職などよい仕事についている、収入が高い）人ほど、ひろい視野をもつため、合理的に行動する。

これは、やや強い仮定かもしれない。分析するなかで、妥当性が検証されることだろう。たとえば、筆者のこれまでの研究で、教育が高い人ほど、文化活動、職業達成、幸福感などで合理的に行動することが報告されている（小林 2017a）。

2・4 仮説を立てる

では、人びとの美しさについて、どのように仮説を立てられるだろうか。まず、どのような人が、どのように美容資本に投資するだろうか。仮定1にしたがえば、人は美容資本に投資すると、その結果として美容資本が蓄積され、その結果としてじゅうぶんに回収できる、という因果関係が想定されている。そこで、この順に仮説を立てよう（図2）。

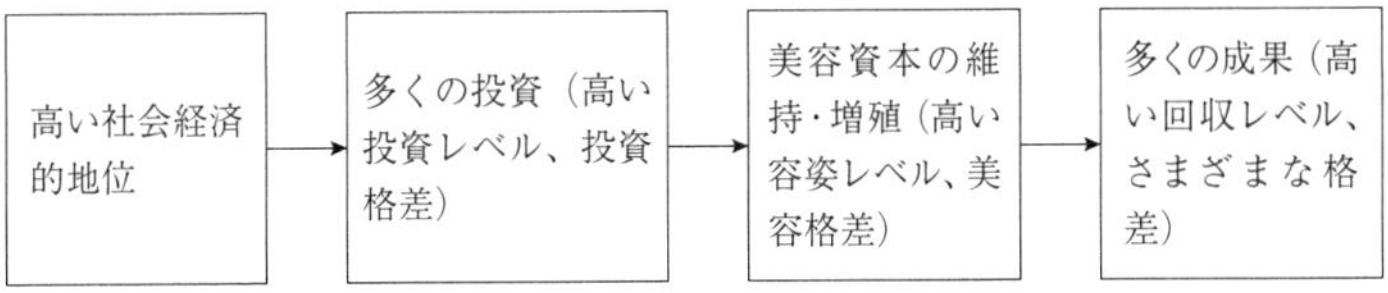

図2　美容資本の仮説（予想される因果関係）
注）仮説1、2より。矢印は因果関係を表す。

この本全体の仮説1（美容資本への投資、蓄積、回収の因果関係）　美容活動して美容資本に多く投資する（投資レベルが高い）人ほど、多くの美容資本が維持・増殖され蓄積される（容姿レベルが高い）ため、多くの成果が得られて家族形成、社会経済的地位、ウェルビーイングが向上する（回収レベルが高い）だろう。

つづいて、仮定3から、社会経済的地位が高い人ほど合理的なため、以下のように想定できる。

この本全体の仮説2（社会経済的地位による偏りの連鎖）　社会経済的地位が高い人ほど、合理的なため、美容活動して美容資本に多く投資するだろう（投資格差）。その結果、多くの美容資本が維持・増殖され蓄積される（美容格差）ため、多くの成果が得られて家族形成、社会経済的地位、ウェルビーイングが向上する（家族形成格差、地位格差、ウェルビーイング格差）だろう。

このように、美容資本への投資には、社会経済的地位による偏りがあると予想できる。さらに、（仮説には含まれないが）場合によっては美容資本が多い人ほど、社会関係資本や文化活動といった他の資本を増大させる可能性もあろう（資本の転移という）。この仮説は、また、もし美容資本に投資をしないなら、社会経済的地位や家族形成やウェルビーイングが低下しかねないことを、含意する。

3 美容資本の方法

美容は、個人、グループ、社会全体に関わる複雑なものである。そのため、この本では混合研究法を採用し、アンケート調査による量的データと、インタビュー調査による質的データのりょうほうをエビデンスとして用いる。クレスウェル他によれば、量的データとはクローズドエンドで、選択肢によって収集され、質的データはオープンエンドであり、自由回答によって収集されるものである（Creswell and Clark, 2007：訳7）。

3・1 混合研究法の採用

筆者のこれまでの研究に基づき、2種類のデータを比較すると（小林 2020）、量的データは一般に、アンケート調査のように比較的大きい標本で収集され、統計分析される。知見は、（ランダムサンプリングされた標本であれば）代表性があるので、中心極限定理によって母集団との関連が保証され、母集団全体へと一般化できる。したがって、「全体の傾向」を把握し、鳥瞰することに秀でる。

たいして、質的データは一般に、インタビュー調査、フィールド調査のように、比較的小さい標本で収集され、ディテールやプロセスのいわゆる「厚い記述」によって分析される。とくに、量的データでは回答があらかじめ選択肢へと限定されているのにたいし、質的データでは限定がないため、想定外の意外な結果を期待できる。その結果、個別ケースのあいだの共通点と違いが明らかになり、「人びとの

表1　3つのデータの比較

名称	2018年社会階層とライフコース全国調査、2018年嗜好品と豊かさや幸福に関する調査	2019年暮らしについての西東京市民調査	美容についてのインタビュー調査
データの種類	量的データ	量的データ	質的データ
調査方法	調査票を用いた訪問面接（一部留置可）	調査票を用いた郵送調査	調査票を用いた半構造化インタビュー
実施期間	2018年2月～5月	2019年6月～8月	2018年8月～2019年7月
母集団	日本全国の20～79歳個人	東京都西東京市の20～70歳個人	（非該当）
サンプリング	層化2段無作為抽出法	2段無作為抽出法	美容の専門家を有意抽出
有効回収数	2262人（有効回収率42.2パーセント）	310人（有効回収率62.0パーセント）	3人
実施主体	科研基盤研究（A）「少子化社会におけるライフコース変動の実証的解明」、「嗜好品と豊かさや幸福に関する社会学研究」研究会	成蹊大学社会調査士課程	科研挑戦的研究（萌芽）「混合研究法による社会学方法論の新スタンダードの構築」
メリット	容姿レベルの他者評価あり	美容活動の詳細データあり	現場の声あり

注）すべて代表は筆者。

多様性」をビビッドに描きだすことができる。

混合研究法を用いれば、両者の利点を活かすことができる。そのために、この本では以下のとおり、量的データとして2つのアンケート調査を統計分析し、また質的データとして3人へのインタビューを実施し語りを分析した（3つのデータの比較は表1、実査の様子は図3）。

この調査デザインは、おおむね同じ時間枠のなかで、平等な重みをもって、1回（シングルフェー

図3　実査の様子

注）左が2018年嗜好品と豊かさや幸福に関する調査における訪問面接（2018年2月、うち右が筆者）。中が2019年暮らしについての西東京市民調査の発送準備（2019年5月）。右がインタビュー（2019年7月、うち右が筆者、左がインタビュー対象者）。許可を得て掲載。

ズ）でおこなわれた。したがって、「並行的トライアンギュレーション」で（Creswell and Clark, 2007：訳69）、データは解釈のときに統合されるので「収斂モデル」となる（Creswell and Clark, 2007：訳71）。混合研究法のなかでは、もっともオーソドックスなデザインである。

3・2　２０１８年社会階層とライフコース全国調査、２０１８年嗜好品と豊かさや幸福に関する調査

第一の量的調査データとして、美容についての一般的傾向を把握するために、全国規模でアンケート調査が実施された。それが、２０１８年（第2回）社会階層とライフコース全国調査（略称はSSL-2018, SSLとはsocial stratification and life courseの意味）と２０１８年嗜好品と豊かさや幸福に関する調査である。2つの調査が、同じ設計で実施され、7割ほどの質問が共通化されている。SSL-2018がA票、２０１８年嗜好品と豊かさや幸福に関する調査がB票とされる。この本では、A票とB票を合併してもちいる。

どちらも調査票を用いた、ランダムサンプリングに基づく訪問面接調査である（調査票の後半は留置法も可とされた）。２０１８年2月から5月に実施された。

母集団は日本全国の20～79歳個人（2018年1月31日が基準日で、1938年2月1日から1998年1月31日生）で、標本は層化2段無作為抽出法で抽出された。まず6地域と4都市規模の24層に200地点を割り付け、つきに各層から大字町丁目単位で地点をランダムに抽出した。そのうえで、各地点で28人をランダムに抽出した（正規標本28人、予備標本5人）。SSL-2018は科学研究費補助金プロジェクトの一環として、2018年嗜好品と豊かさや幸福に関する調査は嗜好品と豊かさや幸福に関する社会学研究研究会の一環として、実施された。

合併した有効標本は5360人、有効回収数は2262人で、有効回収率は42・2パーセントであった（SSL-2018の概要の詳細は小林・川端編 2019：30を、2018年嗜好品と豊かさや幸福に関する調査は小林 2020参照）。

調査票は、A4判で面接票16ページ、留置票8ページあった。属性のほか、ライフスタイルとして「趣味」「生活時間」「嗜好品」など、ライフコースとして「教育歴」「職歴」「家族歴」など、社会意識として「幸福感」「満足度」「豊かさ」などが、合計A票で48問、B票で53問質問された。容姿レベルについては、訪問面接した調査員に、11段階で評価するよう依頼した。

回答者2262人の構成は、男性47・2％／女性52・8％、20歳代8・4％／30歳代14・5％／40歳代18・3％／50歳代18・7％／60歳代21・0％／70歳代19・1％、平均年齢53・3歳、未婚16・3％／既婚72・8％／離別6・0％／死別4・2％／欠損0・7％、中学校卒8・1％／高校卒53・4％／短大・高専卒11・7％／大学卒23・2％／大学院卒3・0％／欠損0・6％（専門学校など除く公的教育のみ）、平均教育年数13・1年（標本サイズ2248人）、正規雇用35・2％／非正規雇用24・1％／自営業

11・5％／無職28・3％／欠損0・8％、平均個人年収305・7万円（2133人）、平均世帯年収576・6万円（1980人）、等価所得0～199万円19・8％／200～399万円40・8％／400～599万円17・1％／600万円以上9・7％／欠損12・6％、平均等価所得336・8万円（1977人）だった。

なお、各章の分析で社会経済的地位を用いる場合、原則として教育は教育年数、職業は正規雇用などの従業上の地位、収入は等価所得とする。

3・3 2019年暮らしについての西東京市民調査

第二の量的調査データとして、人びとがどのように美容資本に投資し回収するのかを詳細に調べるため、東京都西東京市に対象を絞ったうえで、アンケート調査が実施された。それが、2019年（第11回）暮らしについての西東京市民調査である（略称は2019年西東京市調査）。これも調査票を用いた、ランダムサンプリングに基づくものだが、郵送調査であり、2019年6月から8月に実施された。成蹊大学文学部現代社会学科の社会調査士課程における授業の一貫として、実施された。

母集団は東京都西東京市の20～70歳個人（2018年12月31日が基準日で、1949年1月1日から1999年12月31日生まれ）で、標本は2段無作為抽出法で抽出された。まず29選挙区から15選挙区を、人口規模を考慮しランダムに系統抽出した。そのうえで、選挙人名簿を用いて各地点で16人ずつ、計240人をランダムに系統抽出した。前年度に同様に抽出され回答した者292人がいたので、これをパネル標本とし、上記240人のうち208人を新規標本として追加した。

有効標本は５００人、有効回収数は３１０人で、有効回収率は62・０パーセントであった（調査の概要の詳細は小林・渡邉編 2020 参照）。

調査票は、Ａ４判で８ページあった。属性、ライフコース、社会意識、そして美容活動の詳細について、合計42問で質問された。美容については、美容活動の経験、美容にかける１日あたり時間、美容にかける１か月あたり費用、髪の長さ（20歳時と現在）、ふだんの顔のスキンケア、美容活動の頻度（ひげそり、美容室・理容室、化粧水、メイク、香水）、美容活動の効果、美容における心がけ（自由回答）、美容活動の開始年齢（化粧水、メイク、香水）、化粧品メーカー経験、美容の情報源、美容皮膚科に相談したい悩み、美容外科に相談したい悩みがデータ収集された。

回答者３１０人の構成は、男性47・４％／女性52・６％、20歳代12・９％／30歳代16・１％／40歳代21・６％／50歳代25・２％／60〜70歳代24・２％、平均年齢47・９歳、未婚27・１％／既婚65・８％／離別５・５％／死別１・６％、中学校卒１・９％／高校卒35・５％／短大・高専卒11・３％／大学卒45・８％／大学院卒４・５％／欠損１・０％（専門学校など除く公的教育のみ）、平均教育年数14・３年（標本サイズ３０７人）、正規雇用43・２％／非正規雇用28・４％／自営業９・７％／無職18・１％／欠損０・６％、平均個人年収３７４・７万円（３０２人）、平均世帯年収７３５・１万円（２９９人）、等価所得０〜１９９万円10・６％／２００〜３９９万円31・０％／４００〜５９９万円27・７％／６００万円以上25・８％／欠損４・８％、平均等価所得４４３・４万円（２９５人）だった。

表2　インタビュー対象者の一覧

対象者	職業	インタビュー時期	性別	年齢	教育
愛咲 希氏	キャバクラ嬢	2018年8月、2019年7月	女性	20歳代	大学中退
田中 祐成氏	美容師	2019年5月	男性	20歳代	高校のあと専門学校
服部 英子氏	皮膚科医	2019年6月	女性	40歳代	大学

注）氏名は許可を得て記載。ただし愛咲氏のみ職場での通称。インタビュー場所はすべて東京都。

３・４　美容についてのインタビュー調査

質的調査データは、美容についてのインタビュー調査として収集された。これは調査票を用いた半構造化インタビューであり、２０１８年８月から２０１９年７月に実施された。科学研究費補助金プロジェクトの一貫である。

対象者は美容の専門家とし、（職業として容姿が要求される）キャバクラ嬢、美容師、美容皮膚医療もおこなう皮膚科医の３名にインタビューした。どれも東京で、カフェまたはオフィスにおいて、１人１人個別におこなわれた。さいしょにインタビューの目的、データ収集方法、分析方法、公開方法、個人情報の取り扱いについて説明し、書面で同意を得た。インタビュアーは原則として筆者（一部で共同研究者が参加）で、対象者１人あたり90分から２時間使用された。発言はトランスクリプトとして作成されている。インタビュー対象者の一覧は、表２として整理されている。

調査票は、Ａ４判で４ページあった。インタビューでは、属性、職歴に加え、美容について「人びとの美容活動の目的」「美容活動の効果」「投資の認識」「本人の美容活動」「美容アドバイス」「人は見た目が何パーセントと思うか」「美容とは一言でいうと」を質問し、自由に語って

表3　各章の使用データ

章	使用データ	理論枠組みのうち分析部分
1	2018年社会階層とライフコース全国調査、2018年嗜好品と豊かさや幸福に関する調査	美容資本の蓄積
2	2019年暮らしについての西東京市民調査	美容資本への投資
3	2019年暮らしについての西東京市民調査	美容資本への投資から蓄積
4	2018年社会階層とライフコース全国調査、2018年嗜好品と豊かさや幸福に関する調査	美容資本の蓄積から回収
5	2018年社会階層とライフコース全国調査、2018年嗜好品と豊かさや幸福に関する調査	美容資本の蓄積から回収
6	2018年社会階層とライフコース全国調査、2018年嗜好品と豊かさや幸福に関する調査	美容資本の蓄積から回収
7～9	美容についてのインタビュー調査	枠組み全体

注）理論的枠組みは図1より。

もらった。

各章と使用データの対応は、表3となる。

3・5　統計用語

この本では、統計分析がおこなわれる。そこで、ここで基本的な統計用語を定義しておこう。詳しくは、たとえば金井他編（2012）などを参照。

定義6（母集団と標本）　調べたい対象の全体を「母集団」という。この本では、現代の日本社会にいる人全員となる。しかし、実際にデータ収集できるのは母集団の一部であり、それが「標本」である。標本サイズ（人数）はNで表される。

定義7（無作為抽出）　標本の各個人を同じ確率で選ぶことを、無作為抽出する（ランダムサンプリングする）という。標本が無作為抽出されたなら、調査対象者（標本）は、たとえ人数が少なくても、全体（母集団）

の偏らない縮図となる。無作為抽出されていないとき、「有意抽出された」という。

定義8（変数、分布、クロス表） 男女、年齢、教育年数など、個人やグループごとに異なりうるものを「変数」という。年齢など数値に意味があるとき「量的変数」、春＝1、夏＝2、秋＝3、冬＝4など意味がないとき「質的変数」またはカテゴリカル変数という。値が0か1のとき「ダミー変数」といい、たとえば男性ダミーであれば男性＝1、女性＝0となる。原因となる変数を「独立変数」、結果となる変数を「従属変数」、結果に影響しうる変数を「統制変数」という。ある変数の値を、どれだけの人数が採ったかを表すものを「分布」という。2つの変数AとBで、Aの特定の値とBの特定の値をどうじに採る人が、どれだけの人数いたかを表すものを「クロス表」という。

定義9（平均、標準偏差） 平均は、変数を1つの数字で代表させて、いわば重心を表す。標準偏差は、ある変数の「散らばり」の度合いを1つの数字で表す。

定義10（検定） 標本での平均や差や関連が、母集団でも保証されるのかを調べる手続きが、「検定」である。2変数の関連を調べるとき、従属変数が質的変数ならカイ二乗検定を、独立変数が質的変数で従属変数が量的変数なら分散分析を、どちらも量的変数なら相関係数の検定をおこなう。検定結果は「有意確率」で表され、3パーセントや1パーセントなど小さいほど、標本での関連や差が大きい。統計学では一般に、有意確率が5パーセント未満のときに、母集団でも関連や差があることが保証され、「有意に多い」「有意に増える」などと表現される。5パーセント以上（とくに10パーセント以上）のときは、誤差の範囲内のため、「有意な差があるとはいえない」「有意な関連があるとはいえない」などと表現される。

定義11（回帰分析） 1つの従属変数にたいして、複数の独立変数の効果をどうじに調べたいとき（統制するという）、「回帰分析」をおこなう。他の独立変数の効果を調整し排除したうえで、ある独立変数の効果を知ることができる。回帰分析でどれだけ予測（説明）できたかは、「決定係数」で表される。決定係数が0だとまったく予測できず、1だとかんぜんに予測できる。

第1部　美容の統計分析

第1章　美しさに偏りはあるのか——美容資本の測定

この章では、美容資本の理論の前提として、人びとのあいだで容姿レベルにばらつきがあることが確認される。人びとの美しさに偏りはあるのだろうか——この章ではこの問題を検討する。分析の結果、容姿レベルには偏りがあり、けっして平等ではないため、いわば「美容格差」が存在する——このことが、この章で明らかになる。

1　リサーチクエスチョン

1・1　美しさに格差はあるか——リサーチクエスチョン

美しさは、人びとのあいだで平等で、だいたい同じようなものなのだろうか。それとも偏りがあり、格差があるのだろうか。あるとすればどのような形でなのか。

この章では、このように人びとの容姿レベルに偏りがあるのかどうかを検討し、美容資本の実態を解明する。そのために、素朴に考えてみよう。容姿レベルの偏りは、人びとのあいだで明確にありそうだ。そうだとしたら、いわば「美容格差」が存在することになる。しかし、その保証はない。ともすれば、かえって人びとのあいだで違いがないと認識されているのかもしれない。そこで、以下のリサーチクエスチョンにアタックする。

リサーチクエスチョン（美容資本の偏り）　人びとのあいだで、美容資本に格差があり、容姿レベルに偏りがあるのか。あるとすれば、男女、年齢、婚姻状態、身長、体重といったグループごとで、違いがあるのか。

これまで、日本社会の全体について、ランダムサンプリング調査で容姿レベルが測定されたことがなかった（小林・谷本 2016 などは東京都西東京市に対象が限定されていた）。したがって、日本人全体の容姿レベルが、ここではじめて明らかになる。かりに全員が同じ容姿レベルならば、個人間の格差がなく、グループのあいだでも（全員が同じレベルなので）違いがない。したがって、個人の容姿レベルに偏りがあるときのみ、グループによる違いが生じうる。

序章定義5によれば、美容資本とはもともと、容姿のよさを意味する。そのため、ほんらいは服装（ファッション）や体型（スタイル）が含まれてもよい。この本では、ただし、美しさは顔にもっともよく現れると想定し、もっぱら（髪形を含む）顔を分析していく。

そのとき、容姿（顔）の評価は、もしかしたら（優しそうかどうか、丸顔かどうか、目が大きいかどうかなど）複数の軸で多元的におこなわれているかもしれない。しかし、ハマーメッシュなどの先行研究（Hamermesh, 2011）にならい、ここではつぎのように仮定する。

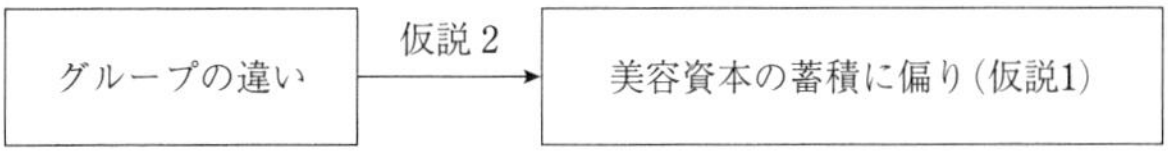

図1　仮説

注）矢印は因果関係を表す。

仮定（容姿レベルの一次元性）　人びとは、顔の評価を一次元でおこなっているため、容姿レベルは一次元で測定できる。

このように、一次元で測定できると想定しよう。そうすると、容姿レベル（したがって美容資本）を1つの量的変数として扱うことができ、分析が飛躍的にシンプルになる。とはいえ、もしかしたら現実には多元的に評価されている可能性があることは、忘れないでおきたい。

1・2　容姿レベルの偏り――仮説

まず、容姿レベルに偏りはあるのだろうか。この本の仮定1（序章）で、美容資本への投資レベルが異なれば、容姿レベルが異なるはずだと想定した。そうだとしたら、人びとがまったく同じように投資するのでないかぎり、つぎのように仮説を立てる必要がある（仮説の図示は図1）。

仮説1（容姿レベルの偏り）　美容資本への投資レベルが人びとのあいだで多様なため、美容資本の蓄積に偏りがあり、その結果人びとの容姿レベルに偏りがあるだろう。

つぎに、男女などのグループごとの違いは、どうか。たとえ仮説1が支持され、個人のあいだに容姿レベルの偏りがあったとしても、もしもグループごとに同じように分布していたなら、グループによる違いはない。もしもグループごとの分布が異なるなら、グループによる差が生じる。この章では、男女、年齢、婚姻状態といった属性、教育などの社会経済的地位、そして容姿に影響しそうな身長、体重に着目し、つぎのように仮説を立てよう。これらのグループは、容姿レベルを左右するかもしれないし、しないかもしれない。

仮説2（グループごとの違い）　男女、年齢、婚姻状態、教育、職業、収入、身長、体重のグループごとで、容姿レベルが異なるだろう。

2　方法

2・1　２０１８年社会階層とライフコース全国調査、２０１８年嗜好品と豊かさや幸福に関する調査——データ

データとして、２０１８年社会階層とライフコース全国調査（A票）と、２０１８年嗜好品と豊かさや幸福に関する調査（B票）を合併して用いる。ランダムサンプリングに基づく訪問面接調査（一部留置可）であり、日本全国の20～79歳個人が対象だった（調査の概要は序章参照）。

この章では、回答者のうち分析する主な変数に回答した２１９９人を対象とする。ただし、個人年収、

世帯年収、等価所得では欠損（無回答）があったため、これより少なかった。また、身長と体重は、A票でのみ質問したため、標本サイズが小さい。

２１９９人の構成は、男性47・4％／女性52・6％、20歳代8・5％／30歳代14・6％／40歳代18・4％／50歳代18・5％／60歳代21・0％／70歳代19・0％、平均年齢53・2歳、未婚16・2％／既婚73・6％／離別6・0％／死別4・2％、中学校卒8・1％／高校卒53・7％／短大・高専卒11・7％／大学卒23・4％／大学院卒3・1％（専門学校など除く公的教育のみ）、平均教育年数13・1年、正規雇用35・7％／非正規雇用24・2％／自営業11・6％／無職28・5％、平均個人年収３０６・４万円（標本サイズ２１０２人）、平均世帯年収５７８・０万円（１９５３人）、等価所得０〜１９９万円20・0％／２００〜３９９万円41・4％／４００〜５９９万円17・4％／６００万円以上9・9％／欠損11・3％、平均等価所得３３７・３万円（１９５１人）だった。

2・2　容姿レベルを測定する——従属変数

従属変数である容姿レベルを、どのように測定すればよいだろうか。決めるべき軸が、いくつかある。

まず、他者が評価するのか、本人がおこなうのか。容姿とは本来的に、周囲からの評価であることを考えると、自己評価より他者評価のほうが望ましい。とはいえ、自己評価でもおおむね他者からの評価と一致することが報告されている（小林 2017b）。

他者評価でも自己評価でも、測定を何段階でおこなうのか。容姿レベル測定の出発点であるキャンベル他は、「よくない」から「とてもハンサム、美人」まで5段階であった（Campbell et al., 1971）。これにたいし、筆者他のある研究ではより細かく、「1下」から「10上」まで10段階で測定した（小林・谷本2016）。どちらであっても、おおむね左右対称の一山で、やや「容姿レベルが高い」ほうに分布が偏る。

ここでは、調査員による他者評価とする。そのうえで、同じ調査で幸福感、満足度、健康といったウェルビーイング項目を11段階で測定したため、11段階で揃えて以下のように質問した。

質問1（**容姿レベル**）　かりに現在の日本社会が顔（ルックス）でグループに分かれ、「上」が10、「中間」が5、「下」が0としたら、調査対象者はどれに入ると思いますか。（○は1つ）（調査員注：整った顔立ちかどうかという「顔」だけの評価であって、性格、スタイル、ファッションは含まない。髪型、メイクは含む。「もし顔写真だったら」と想像して評価。あなた（調査員）の好みではなく、日本人一般の評価を基準とする。5以下と5以上が、だいたい同じ人数になる。）
（選択肢）0下、1、…、5中間、…、10上

このように、調査員に詳細なインストラクションが指示されている。つまり、評価の対象は、髪形やメイクを含む「顔だけ」であり、性格や全身は含まない。多くの日本人ならどう評価するかであって、調査員個人の好みではない。中間である5より上と下で、おおむね同じくらいの人数となるように振りわけるよう依頼した。

ちなみに、筆者が別の研究で、写真を用いて上記と同じように容姿レベルを評価してもらったことがある。評価後、「もし自分の個人的な好みで評価したとしたら、どうでしたか」と質問したところ、「そ

うだったとしても、とくに評価は変わらない」とのことだった（小林 2017b）。

先行研究から、評価者によるぶれがあったとしても、無視できる範囲であることが知られる。そのため、ここでもそのように扱う。また、先行研究で、対象者が若いときも年齢を経ても、容姿レベルの評価はおおきく変わらなかった。そのため、ここでは現在の容姿レベルを測定したが、それが過去もおおきくは異ならないだろうと仮定する。

なお、この本では原則として容姿レベルはこの11段階のものを用いるが、2章と3章では異なるデータを分析する。そのため、そこでは異なる方法によって5段階で測定した。混乱を避けるため、その場合は「5段階容姿レベル」とよぶことにする。

2・3　身長、体重、コミュニケーション力を測定する――独立変数

仮説2で、さまざまなグループが独立変数となる。男女はそのまま2グループへ、年齢は10歳ごとの6グループへ、婚姻状態は未婚・既婚・離死別の3グループへとわける。教育は公的なもののみとし、専門学校などは除いて、最終学歴が「中学校卒」「高校卒」「短大・高専卒」「大学卒」「大学院卒」の5グループとする。職業は従業上の地位とし、「正規雇用」「非正規雇用」「自営業」「無職」の4グループで比較する。収入は等価所得とし、「０～１９９万円」「２００～３９９万円」「４００～５９９万円」「６００万円以上」の4グループとする。身長と体重は、以下のように質問された。

質問2（身長、体重） あなたの身長と体重は、どれくらいですか。体重は、20歳時と現在の両方をお答

えください。（○はそれぞれ1つ）
（項目）現在の身長、20歳時の体重、現在の体重
（選択肢）（身長）140センチ以下、145センチ、150センチ、…、180センチ、185センチ以上
（体重）40キロ以下、45キロ、50キロ、…、80キロ、85キロ以上

このうち、現在の身長と現在の体重を、分析に用いる。グループ別に比較するときは、各グループが10人以上となるよう一部集約する。

分布は、現在の身長が140センチ以下0・4％／145センチ3・1％／150センチ10・9％／155センチ18・5％／160センチ19・6％／165センチ16・0％／170センチ16・6％／175センチ9・7％／180センチ2・9％／185センチ以上0・3％／欠損2・0％で、平均162・0センチ（欠損除き1093人）だった。

現在の体重は、40キロ以下0・9％／45キロ10・9％／50キロ15・2％／55キロ16・7％／60キロ17・0％／65キロ13・8％／70キロ8・7％／75キロ5・9％／80キロ4・3％／85キロ以上4・0％／欠損2・6％で、平均60・2キロ（欠損除き1086人）だった。

なお、もしかしたら調査員が容姿レベルを評価するとき、「感じのよい人だったから高くする」といったことが、ないとはかぎらない。そこで、この調査では容姿レベルの質問につづけて、調査員に対象者のコミュニケーション力を以下のように質問した。このコミュニケーション力が、容姿レベルとどう

関連するかをあとで確認する。

質問3（コミュニケーション力）　コミュニケーション力（話しやすさ）が「とても高い」が10、「中間」が5、「とても低い」が0としたら、調査対象者はどれに入ると思いますか。（○は1つ）（調査員注：ほとんどの人は4～6の範囲。5以下と5以上が、だいたい同じ人数になる。）
（選択肢）0とても低い、1、…、5中間、…、10とても高い

3　分析結果

3・1　容姿レベルの回答結果――分布

この章における主な変数の記述統計は表1、従属変数の分布が図2となった。日本社会全体について、代表性をもって容姿レベルが測定されるのは、これがはじめてである。仮説1が正しければ、容姿レベルの分布に偏りがあるはずである。

このように、分布は中間である5が最多（最頻値）となり、一山だった。やや上方に偏りつつ、おおむね左右対称となっている。ただし、0下はいなく、最小値が1、最大値は10上であった。中央値（メディアン）は5だった。

平均は5・30であり、中間の5よりすこし高かった。標準偏差は1・37であった。これらはどれも、先行研究と矛盾しない。

表1　主な変数の記述統計

	従属変数	独立変数		
	容姿レベル	身長（～センチ）	体重（～キロ）	コミュニケーション力
N	2199	1083	1077	2199
平均値	5.30	162.0	60.1	6.23
中央値	5	160	60	6
最頻値	5	160	60	6
標準偏差	1.37	8.8	10.8	1.63
最小値	1	140	40	1
最大値	10	185	85	10
男性平均	5.19	168.8	66.8	6.12
女性平均	5.41	155.9	54.1	6.33
男女平均の差	***	***	***	**

注）データは2018年社会階層とライフコース全国調査、2018年嗜好品と豊かさや幸福に関する調査の合併。身長と体重はA票のみのため標本サイズが小さい。***は分散分析で有意確率0.1パーセント未満、**1パーセント未満、*5パーセント未満、†10パーセント未満、n.s.それ以上。

以上から、人びとの容姿レベルはけっして一様ではなく、ばらつきのある偏ったものであった。したがって、仮説1「人びとの容姿レベルに偏りがあるだろう」は、支持された。仮説では、美容資本への投資レベルが人びとのあいだで多様であり、そのため美容資本の蓄積に偏りがあるからだろうと想定した。

3・2　コミュニケーション力とは別物なのか

ただし、容姿レベルはもしかしたら対象者のコミュニケーション力に左右されるかもしれない。そのため、コミュニケーション力との関連を調べる必要がある。

コミュニケーション力の記述統計は表1、分布は図2となった。容姿レベルとコミュニケーション力の相関係数は、0・368で、1パーセント水準で有意に関連していた。ただし、クロス表を作成すると、対角線にいたのは全標本のうち29・

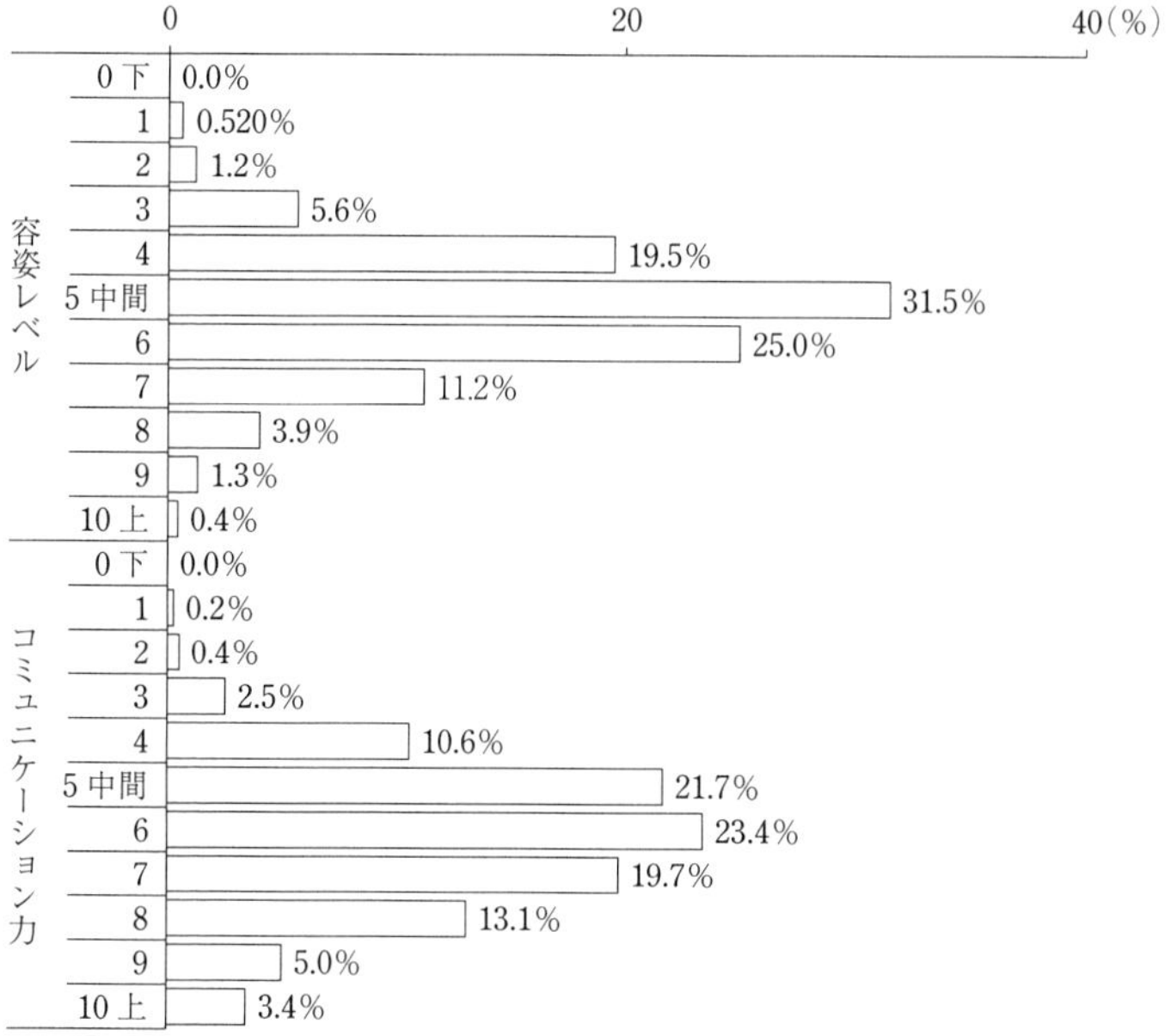

図2　容姿レベル、コミュニケーション力の分布

注）$N=2199$。カイ二乗検定の結果、男女のあいだで容姿レベルの分布が有意に異なったが、コミュニケーション力の分布は異ならなかった。

7パーセントとけっしておおくはなかった。容姿レベルの評価より、コミュニケーション力の評価が高かった人は全体の55・7パーセントいた。ぎゃくに、容姿レベルのほうが高かった人は、14・5パーセントだった。

　したがって、容姿レベルはコミュニケーション力と関連しつつも、別の概念であるといえよう。

3・3　グループ別で容姿レベルは異なるのか——比較

　仮説2が正しければ、さまざまなグループ別にみると、容姿レベルが異なるはずである。まず、図3が男女別の分布を表す。

　このように、男性への評価が全体にやや低いものの、分布の形は一致

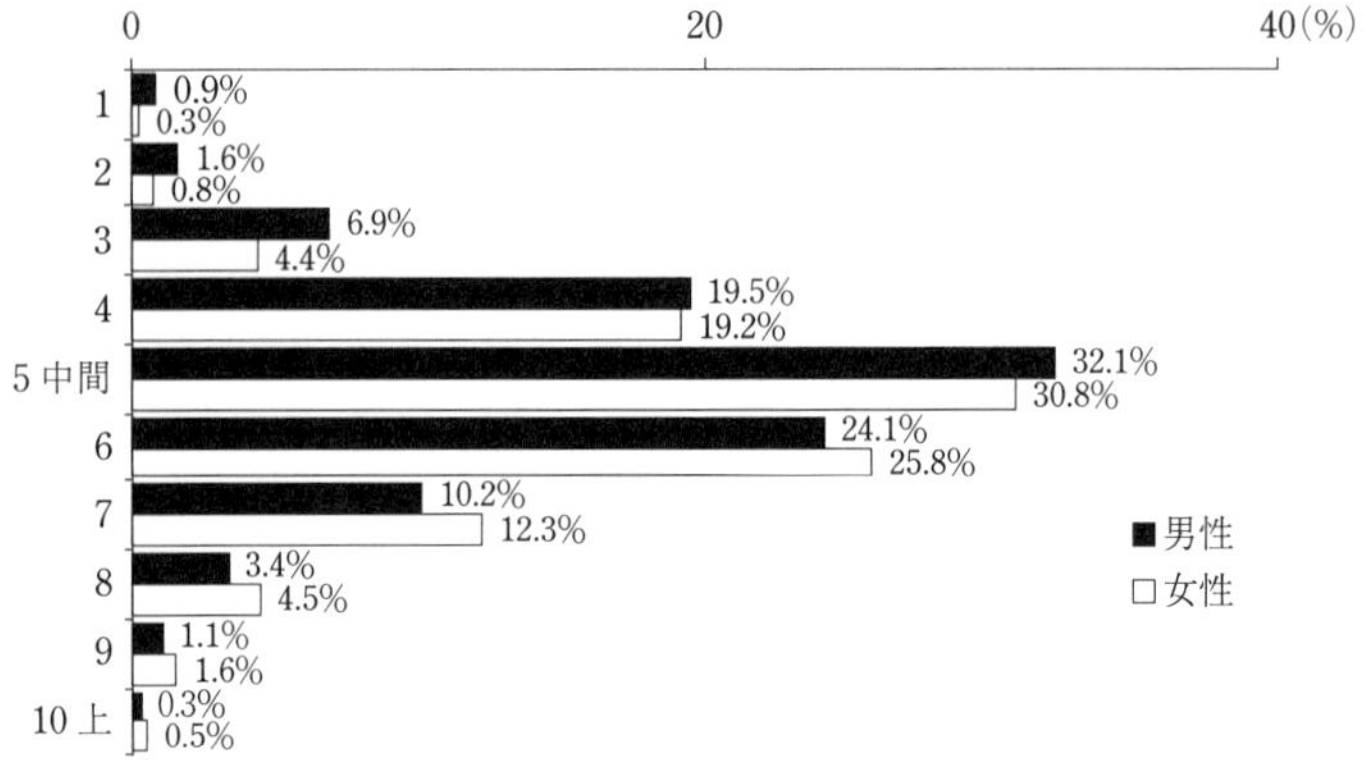

図3　容姿レベルの男女別分布

注）男性 N＝1042、女性 1157。カイ二乗検定の結果、分布が有意に異なった。等分散性の検定で、分散に有意な差はなかった。

している。カイ二乗検定の結果、分布は有意に異なっていた。平均は男性5・19、女性5・41と女性がやや高く、分散分析で有意な差があった。標準偏差は、男性1・38にたいし女性1・36で、等分散性の検定の結果、有意な違いはなかった。

つぎに、男女グループを含め、グループごとの平均容姿レベルを比較してみよう。その結果が図4である。分散分析による差の検定の結果も、掲載してある。

このように、属性のうち男女グループ別では女性ほど、年齢グループ別ではおおむね若い人ほど、容姿レベルが有意に高く評価された。20歳代では容姿レベルの平均が5・70であったのが、70歳代では5・05と下がった。婚姻状態グループでは、既婚者が高く、離死別者がつづき、未婚者がもっとも低かった。これらはどれも、有意な差だった。

社会経済的地位グループではどうか。教育グループ別では教育が高いほど容姿レベルが高く、大学院卒グループで5・71にたいし中学卒で4・70だった。従業上の地

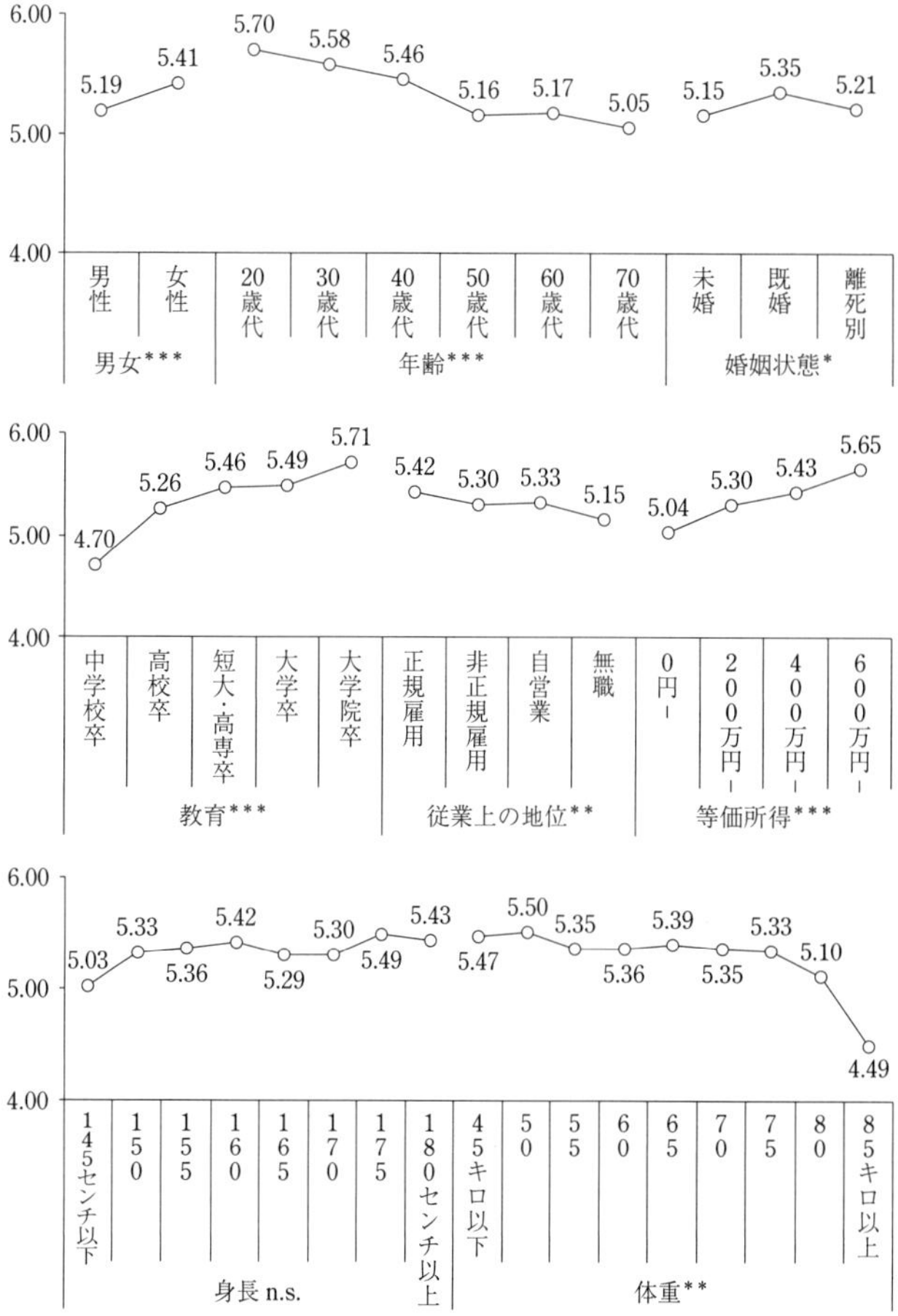

図4　属性、身長、体重グループ別の平均容姿レベル

注）N=2199（ただし等価所得では1951、身長では1093、体重では1086）。身長と体重は各グループが10人以上となるよう一部集約した。男女別にすると、女性で婚姻状態の効果がなくなった。***は分散分析で有意確率0.1パーセント未満、**1パーセント未満、*5パーセント未満、†10パーセント未満、n.s.それ以上。

位グループ別では、正規雇用者グループがもっとも高く、自営業、非正規雇用者がつづき、無職がもっとも低かった。等価所得グループ別では、多いほど容姿レベルが高かった。600万円以上グループで5・65にたいし、0〜199万円で5・04であった。これらはどれも、有意な違いであった。

身長は、高いほうがゆるやかに容姿レベルも上昇するが、有意な違いではなかった。体重は、しかし、容姿レベルと明確な関連があり、増えるほど容姿レベルが有意に低下した。とくに、80キロ以上グループで、容姿レベルの低下が目立つ。

なお、これらを男女にわけて比較したところ、おおねね全体の傾向と一致した。ただし、女性で婚姻状態による差がなくなった。

以上から、ほとんどのグループで、容姿レベルが異なることがわかった。ただし、身長グループでは、違いがなかった。したがって、仮説2「男女、年齢、婚姻状態、教育、職業、収入、身長、体重のグループごとで、容姿レベルが異なるだろう」はおおむね支持された。

3・4　回帰分析で要因をつきとめる――多変量解析

グループの効果を互いに調整すると、どうなるだろうか。容姿レベルを従属変数として、回帰分析を実施した。独立変数は属性（男女、年齢、婚姻状態）、社会経済的地位（教育、職業、収入）、身長、体重とした。

表2がその結果を報告している。このように、他の影響を除くと、教育が有意な正の効果を、体重が有意な負の効果をもった。しかし、他は有意な効果をもたなかった。つまり、教育が高いと、また体重

表２　容姿レベルを従属変数とした回帰分析結果（検定結果のみ）

独立変数	
男性ダミー	n.s.
年齢	n.s.
既婚ダミー	n.s.
離死別ダミー	n.s.
教育年数	**
正規雇用ダミー	n.s.
非正規雇用ダミー	n.s.
自営ダミー	†
等価所得	n.s.
身長	†
体重	***（負）
決定係数	0.057

注）$N=949$。有意な効果は（負とある以外）すべて正。男女別にすると、（独立変数のうち）男性で教育年数の効果が10パーセント水準でのみ有意となり、体重の効果がなくなった。***は回帰係数の有意確率0.1パーセント未満、**1パーセント未満、*5パーセント未満、†10パーセント未満、n.s.それ以上。

が少ないと、容姿レベルが高かった。男女別にすると、男性で体重の効果がなくなった。

したがって、教育が高い人ほど、また体重が少ない人ほど（女性のみ）、容姿レベルが高く評価されていた。それ以外のグループの効果は、無視できる範囲であった。

4　まとめ

4・1　美しさは偏っている――リサーチクエスチョンへの回答

分析結果は、図5に要約されている。以上から、リサーチクエスチョン「人びとのあいだで、美容資本に格差があり、容姿レベルに偏りがあるのか。あるとすれば、男女、年齢、婚姻状態、身長、体重といったグループごとで、違いがあるのか」に、つぎのように回答できる。

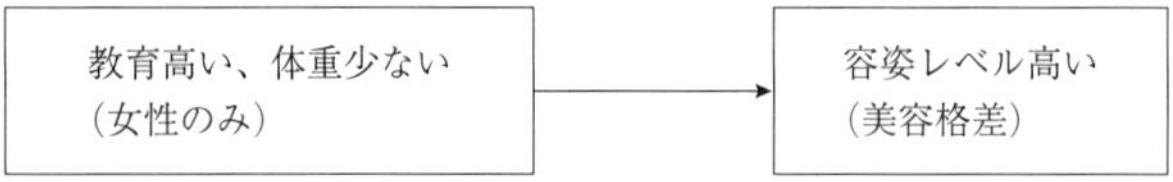

図5　分析結果の要約

注）回帰分析結果より。矢印は因果関係を表す。

リサーチクエスチョンへの回答　容姿レベルの分布から、容姿レベルに偏りがあり、けっして一様で平等ではなかった。平均の比較から、女性ほど、若い人ほど、既婚者や離死別者ほど、教育の高い人ほど、正規雇用者ほど、収入が多い人ほど、体重が少ない人ほど、容姿レベルが高かった。ただし、身長グループでは違いがなかった。回帰分析から、教育の高い人ほど、また（女性のみ）体重が少ない人ほど、容姿レベルが高くなった。このように、人びとのあいだで容姿レベルに偏りがあり、いわば「美容格差」が存在した。

先行研究では、若い人ほど容姿レベルが高いが、男女で違いはなかった。今回の結果は、これらとおおむね一致していた。体重による偏りは、今回はじめて明らかになった。

なお、日本人の容姿レベルを測定する、というこの調査の試みは、チャレンジングなものであった。調査員へのインストラクションを筆者がおこなったとき、「見た目を評価するのは自分にはできないかもしれない」と躊躇する声もあった。それでも、研究の意義を粘りづよく伝えることで、納得してもらえた。調査員には、練習問題として2人分のコンピュータ合成写真を評価してもらい、結果を周囲とくらべるなどすることで、理解を深めてもらった。

図6　うそつき鏡

注）出典：藤子・F・不二雄、2009、「うそつきかがみ」『ドラえもん』1巻、藤子・F・不二雄大全集、小学館、517ページ。初出は『小学四年生』1971年5月号。

4・2　うそつき鏡――メディアでの描かれ方

メディアのなかで、美容格差は、どのように描かれてきたのだろうか。図6は、マンガ『ドラえもん』で主人公のび太が、うそつき鏡に自分を映したところである。のび太は鏡をみて、「ぼくがこんなにハンサムだったなんて、ひょっとしたらぼく世界一の美男子じゃないかしら」と考える。この鏡は、しかし、ドラえもんによれば嘘の映像を移し、嘘の発言をする。そのため、「鏡のおせじなんか、本気にして」とのび太は怒られる。

ここで重要なのは、のび太が「世の中にハンサムな人とそうでない人がいる」と認識していることである。この場面のあと、のび太の母親も同じように鏡から「おくさまは世界一の美人です」といわれ、「そうかもねえ」とうっとりする。

4・3　美容格差が存在する――理論上の意味

美しさは平等ではなく、偏っている――我われがうすうすとは気づいていたことが、ここではじめて美容格差として証明された。さらに、その偏りは、グループが異なると拡大されうることもわかった。

見た目のばらつきは、では、美容資本の理論にとってどのような意味があるのか。これは、理論にとって重要な前提を確認できたことになる。序章におけるこの本全体の仮定1で、「美容資本へ多くの投資がされる（投資レベルが高い）と、多くの美容資本が蓄積され美しさが向上する（容姿レベルが高い）」とし、美容資本への投資によって、人びとの美しさが増殖すると仮定していたからである。この章の分析で、人びとのあいだにいわば「美容格差」が存在することが、確認された。

容姿レベルが人びとのあいだで不平等であることは、そうすると、是正されるべきことなのだろうか。もし見た目によって（進学や就職で）差別が生じるならば、問題かもしれない。しかし、見た目の偏りそのものは、人びとの個性や社会の多様性ともいえるので、それじたいがよいことでも、悪いことでもないはずだ。

ただし、この章の結果だけでは、容姿レベルの違いが投資の結果なのか、もともと生まれつきのものなのかが、区別できない。この点が、以降の2〜3章で解明されていく。

第2章　どのように美しさに投資するのか――美容資本への投資

この章では、美容資本への投資の偏りが、美容資本の違いの要因（原因）であることが実証される。人びとは、どのように自分の美しさに投資しているのか――この章ではこの問題を検討する。分析の結果、投資の仕方は平等ではなく「投資格差」があり、収入が高い人ほど、多くの時間や金銭を美しさにかけていた。ただし、そうした制約を受けつつも、「美容とは自分への投資」だと考え、高い美容意識をもつならカバーできる――このことが、この章で明らかになる。

1　リサーチクエスチョン

1・1　投資格差はあるのか――リサーチクエスチョン

メイクや身だしなみといった美容活動を、どのような人が、どのようにしているのだろうか。人びとは、美容活動をとおして、なにをどれくらい美容に投資するのだろうか。人びとは、平等に投資しているのだろうか。それとも、教育や収入などの地位によって投資の仕方やレベルが異なり、いわば「投資格差」があるのか。美容への意識が高いことは、不可欠なのだろうか。

この章では、人びとの美容活動を美容資本への投資という視点から検討し、投資の「要因」を解明する。そもそも、化粧することを英語で「メイク」というように、顔は美容活動によってある程度なら「作る」ことができるものといえる。そのため、素朴に考えてみよう。人びとはみな同じように美容活動をしているかもしれない。しかし、その保証はない。ややもすれば、むしろその人の考え方や社会的立場によって投資の仕方が異なるかもしれない。そこで、以下のリサーチクエスチョンを立てて、アタックする。

リサーチクエスチョン（美容資本への投資の偏り） 人びとのあいだで、美容資本への投資に偏りがあり、投資格差があるのか。あるとすれば、どのような人が多くの投資をおこなうのか。

これまで、こうした美容投資がちょくせつ測定され、分析されたことがなかった。ここでは、投資の仕方を「量的に」把握できるよう、つぎのように定義しておこう。

定義（美容投資） 美容活動をとおして美容資本に投資された時間、金銭を、それぞれ「美容時間」「美容支出」とよび、まとめて「美容投資」とよぶ。美容投資の量を「投資レベル」とよぶ。

1・2　美容投資の要因はなにか――仮説

まず、美容への投資レベルに偏りがあるのだろうか。それとも、人びとは平等に美容活動をしている

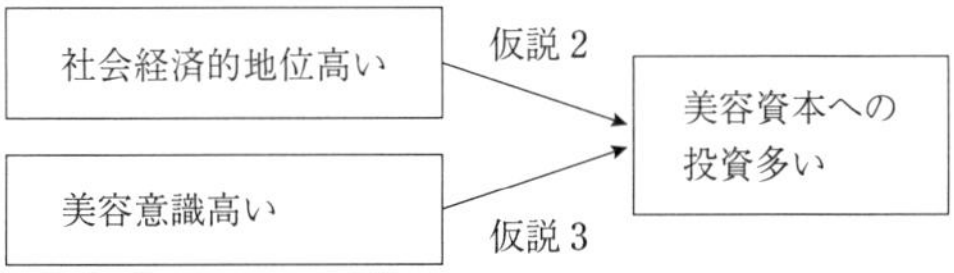

図1　仮説

注）矢印は因果関係を表す。

のだろうか。すでに1章で、容姿レベルに偏りがあることがわかった。そのため、その要因である美容投資にも偏りがあるかもしれない。この本全体の仮定1（序章）で「美容資本へ多くの投資がされる（投資レベルが高い）と、多くの美容資本が蓄積され美しさが向上する（容姿レベルが高い）」と想定していた。そこで、つぎの仮説を立てる必要がある（仮説の図示は図1）。

仮説1（投資レベルの偏り）　美容資本への投資は、人びとのあいだで多様であるため、投資レベルに偏りがあるだろう。

　つぎに、では、どのような人がたくさん投資するだろうか。この本全体の仮説2（序章）ですでに「社会経済的地位が高い人ほど、合理的なため、美容資本に投資するだろう」と予想した。そこで、この章ではつぎの仮説を検証していく。

仮説2（社会経済的地位の効果）　教育、職業、収入という社会経済的地位が高い（教育が高い、正規雇用である、収入が多い人）ほど、合理的なため、美容への投資レベルが高いだろう。

　投資に影響するのは、しかし、社会経済的地位だけだろうか。もしかしたら、むしろ「美容活動に力をいれるべき」といった、美容への意識の高さが不可欠かもしれない。そこで、つぎの仮説を立てておこう。

仮説3（美容意識の効果）　美容意識が高い人ほど、美容への投資に熱心なため、美容への投資レベルが高いだろう。

2　方法

2・1　2019年暮らしについての西東京市民調査――データ

データとして、2019年暮らしについての西東京市民調査を用いる。ランダムサンプリングに基づく郵送調査であり、東京都西東京市の20～70歳個人が対象となった（調査の概要は序章参照）。

この章では、回答者のうち分析する主な変数に回答した294人を対象とする。ただし、個人年収、世帯年収、等価所得では欠損（無回答）があったため、これより少ない。

294人の構成は、男性45・9％／女性54・1％、20歳代12・6％／30歳代17・0％／40歳代22・1％／50歳代26・2％／60～70歳代22・1％、平均年齢47・6歳、未婚26・9％／既婚66・3％／離別5・1％／死別1・7％、中学校卒1・7％／高校卒36・1％／短大・高専卒11・6％／大学卒45・9％／大学院卒4・8％（専門学校など除く公的教育のみ）、平均教育年数14・3年、正規雇用44・2％／非正規雇用28・6％／自営業9・9％／無職17・3％、平均個人年収376・4万円（標本サイズ

288人）、平均世帯年収739・3万円（285人）、等価所得0〜199万円9・9％／200〜399万円31・6％／400〜599万円28・2％／600万円以上25・9％／欠損4・4％、平均等価所得445・2万円（281人）だった。

2・2　美容への投資レベルを測定する――従属変数

従属変数である美容投資（美容資本への投資レベル）は、以下のように測定した。まず、「これまで、どのような美容や身だしなみを、したことがありますか（○はいくつでも）」とし、美容室、理容室、化粧水、化粧（メイク）など15項目について質問した。つづけて、つぎの質問をした。

質問1（投資時間）　上の問のような美容や身だしなみのために、平均すると一日にどれくらい、時間をかけていますか（入浴のぞく、数字で）

（回答欄）だいたい（　　）分くらい

質問2（投資支出）　それでは、美容や身だしなみのために、平均すると1か月にいくらくらい、お金をかけていますか（服のぞく、数字で）

（回答欄）だいたい（　　）円くらい

このように、回答者が自分で〜分、〜円という形で記入することとした。筆者はこれまで、毎年郵送調査をランダムサンプリングで実施してきた。毎回、選択肢だけでなく、なにかしらこうした記述式の回答を入れるようにして、メリハリをつけている。この調査でも、ほとんどの人が回答した。

2・3　美容意識を測定する――独立変数

仮説2で独立変数は、社会経済的地位となる。これは属性としてかならず測定される。仮説3の独立変数は、ただし、美容意識となっている。そこで、つぎの質問をした。

質問3（美容意識）　あなたは次の意見を、どう思いますか（○はそれぞれ1つ）
（項目）「美容や身だしなみは、自分への『投資』だと思う」「何歳になっても、美容や身だしなみに気をつかうべきだ」
（選択肢）　1そう思わない、2、3中間、4、5そう思う

このうち、前者を「美容は投資」、後者を「何歳でも美容必要」とよぼう。

3　分析結果

3・1　美容時間、美容支出の回答結果――分布

この章における主な変数の記述統計は表1、従属変数の分布が図2となった。仮説1が正しければ、

表1　主な変数の記述統計

	従属変数（美容投資）		独立変数（美容意識）	
	美容時間（日～分）	美容支出（月～円）	美容は投資	何歳でも美容必要
平均値	18.9	6083.1	3.56	4.10
中央値	15	4000	4	4
最頻値	10	3000	4	5
標準偏差	18.4	6403.3	1.20	0.97
最小値	0	0	1	1
最大値	120	40000	5	5
男性平均	10.5	3823.3	3.27	3.82
女性平均	26.0	8001.9	3.82	4.34
男女平均の差	***	***	***	***

注）データは2019年暮らしについての西東京市民調査。すべて $N=294$。***は分散分析で有意確率0.1パーセント未満、**1パーセント未満、*5パーセント未満、†10パーセント未満、n.s. それ以上。

投資レベルの分布に偏りがあるはずである。

分布はそれぞれの四分位に基づく。ここから、美容時間は5分から15分がボリュームゾーンだが、5分以下や30分以下も同じくらいいた。平均は18・9分であった。標準偏差が18・4分であるため、かなり分散していることがわかる。

美容支出はどうか。1000円以下と、4000円から1万円のグループが多い。平均は6083・1円で、標準偏差が6403・3円と、こちらもばらついていた。

なお、2つの相関係数は0・474で、1パーセント水準で有意な関連があった。つまり、時間が長い人は、支出も有意に多かった。

以上から、人びとの美容への投資レベルは一様とはいえず、時間でも支出でも偏りがあった。したがって、仮説1「投資レベルに偏りがあるだろう」は支持されたといえる。仮説では、美容資本への投資が人びとのあいだで多様であるためと想定した。

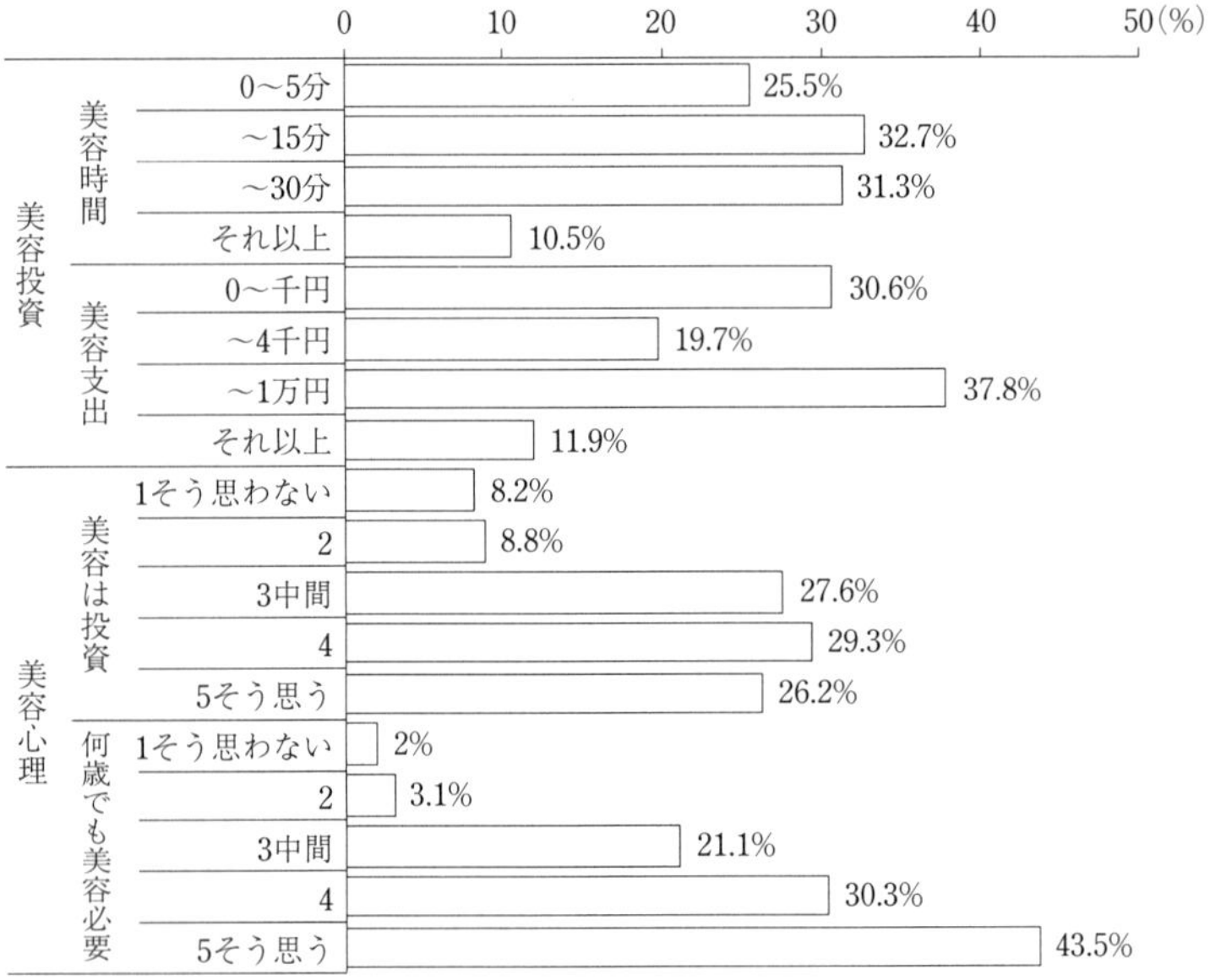

図2　美容投資、容姿心理の分布

注）$N=294$。美容時間は1日あたり、美容支出は月あたり。美容時間、美容支出のグループ分けは、それぞれの四分位による。カイ二乗検定の結果、男女のあいだですべて分布が有意に異なった。

3・2　美容意識の回答結果――分布

2つの美容意識の記述統計と分布も、表1と図2にある。分布から、どちらの意識も「中間」から「そう思う」が大多数であった。美容を自分への投資と考える人は、ややそう思うとそう思うを合計すると55・4パーセントだったので、半分以上いた。何歳でも美容が必要と考える人は、さらに多く、73・8パーセントいた。

美容は投資の平均が3・56、何歳でも美容必要が4・10だった。中間が3なので、賛成が多いことがわかる。したがって、多くの人は、美容を投資と考え、また年齢に関係なく美容活動をするべきだと考えていた。人びとの美容意識は、低い人が少な

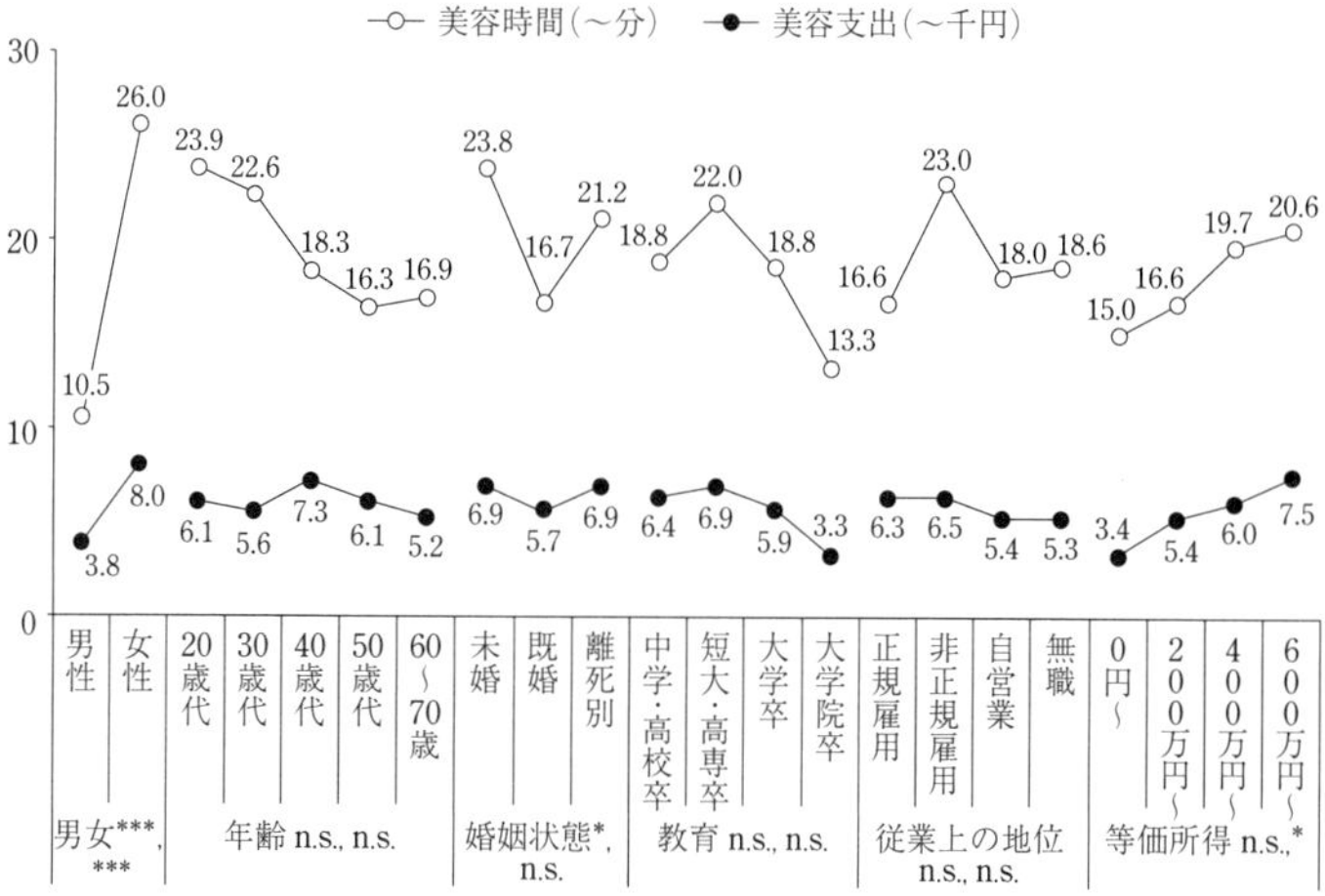

図3　属性、社会経済的地位別の平均美容時間、美容支出

注）N=294（等価所得のみ285）。中学校卒の標本サイズが10人未満だったため、高校卒と集約した。男女別にすると、男性で美容時間への婚姻状態の効果がなくなり、教育の効果が現れ、美容支出への等価所得の効果がなくなった。女性で美容時間への等価所得の効果があった。***は分散分析で有意確率0.1パーセント未満、**1パーセント未満、*5パーセント未満、†10パーセント未満、n.s.それ以上（左が美容時間について、右が美容支出について）。

く、どちらかといえば高いといえる。

なお、カイ二乗検定の結果、2つの意識は有意に関連していた（0・1パーセント水準）。つまり、美容は投資と思う人ほど、いつまでも美容活動が必要と考えていた。

3・3　グループ別で投資レベルは異なるのか——比較

仮説2、3が正しければ、社会経済的地位、美容意識のグループ別にみると、投資レベルが異なるはずである。まず、図3が属性、社会経済的地位別の平均美容時間と美容支出となっている。このように、女性ほど美容時間も支出も、有意に多かった。年齢別だと、若い人ほど投資しているようにみえるが、有意な違いではなかった。婚姻状

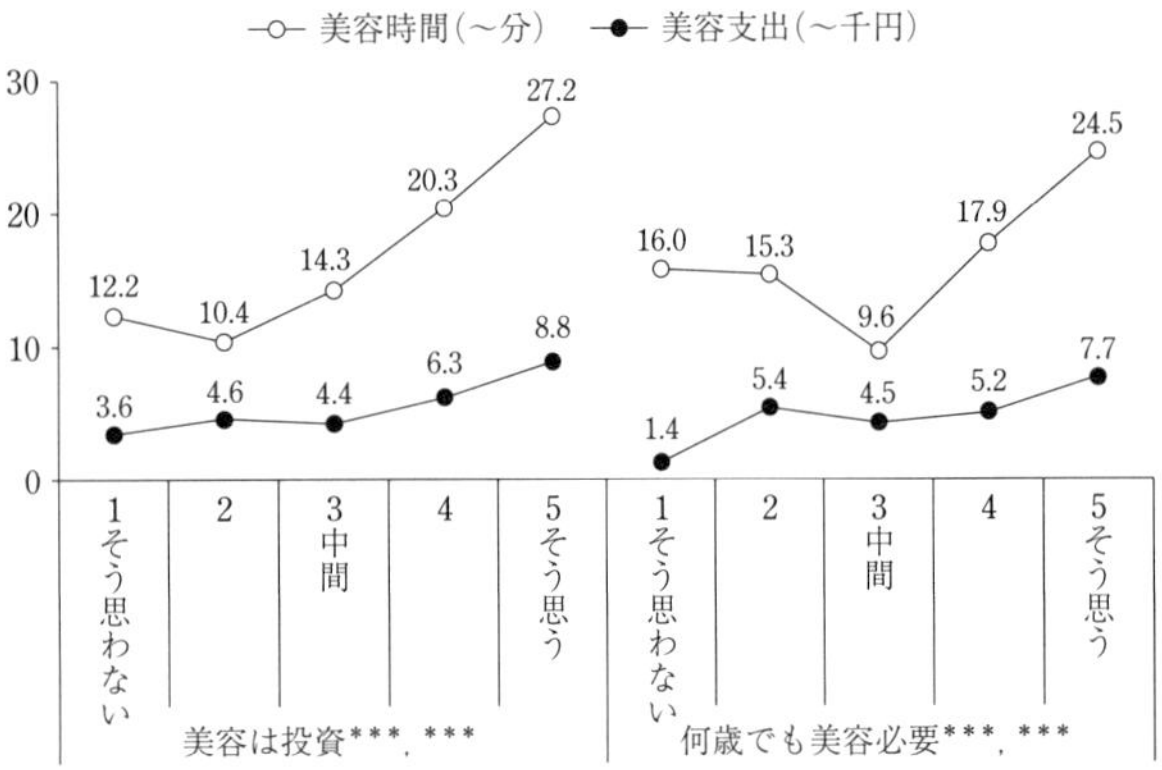

図4　美容意識別の平均美容時間、美容支出

注）N=294。男女別にすると、男性で美容時間と美容支出への「何歳でも美容必要」の効果がなくなった。女性で美容時間への「美容は投資」と、美容支出への「何歳でも美容必要」の効果がなくなった。***は分散分析で有意確率0.1パーセント未満、**1パーセント未満、*5パーセント未満、†10パーセント未満、n.s. それ以上（左が美容時間、右が美容支出について）。

態別では、未婚者ほど時間をかけていたが、それ以外は有意な差はなかった。

社会経済的地位別ではどうか。時間も支出も短大・高専卒がピークとなっているが、有意な違いではなく、誤差の範囲内だった。従業上の地位別では、非正規雇用者がどちらの投資もやや多いが、有意な差とはいえなかった。等価所得別では、多いほうが、時間も支出も多かった。そのうち支出で有意な差があった。

つぎに、図4が、美容意識別の均美容時間と美容支出を表す。このように、美容を投資と考える人ほど、またいつまでも美容を必要と思う人ほど、美容活動に多くの時間や支出を投資していた。すべて有意な違いだった。

これらを男女にわけても、おおねね全体の傾向と一致していた。

3・4　回帰分析で要因をつきとめる——多変量解析

美容投資の要因を特定するため、美容時間、美容支出を従属変数とした回帰分析をおこなった。仮説にしたがい、独立変数は社会経済的地位（教育、職業、収入）と投資意識（美容は投資、何歳でも美容必要）で、統制変数を属性（男女、年齢、婚姻状態）とした。

表2が結果を報告している。このように、他の影響を除くと、社会経済的地位のうち、等価所得のみが有意な正の効果をどちらにももった。つまり、収入が多い人ほど、美容活動の時間も支出も多かった。

美容意識の効果はどうか。「何歳でも美容必要」という意識は、かならずしも美容への投資をうながさなかった。たいして、「美容は投資」と考える人は、美容への時間も支出も多かった。

そこで、独立変数から有意な効果をもたなかった教育年数、従業上の地位、何歳でも美容必要を除いて再分析した（結果は省略）。すると、標本全体でも男女別でも、等価所得と「美容は投資」の効果が、おおむね有意となった。男性における美容時間への等価所得の効果のみ、有意でなくなった。

ここから、美容意識の本質は、「美容とは投資と考える」ことであるといえよう。このように、美容意識（とくに美容は投資であるという考え）は、社会経済的地位とは独立に、独自の効果をもって、美容投資を促していた。

整理すると、収入が高い人ほど、また美容を投資と考える人ほど、おおむね美容への時間と支出をより多く投資していた。これらの結果から、仮説2「教育、職業、収入という社会経済的地位が高い（教育が高い、正規雇用である、収入が多い）人ほど、合理的なため、美容への投資レベルが高いだろう」と仮説3「美容意識が高い人ほど、美容への投資に熱心なため、美容への投資レベルが高いだろう」は、

表 2　美容時間、美容支出を従属変数とした回帰分析結果（検定結果のみ）

	従属変数	
	美容時間	美容支出
統制変数		
男性ダミー	***	***
年齢	n.s.	*
既婚ダミー	**	*
離死別ダミー	n.s.	n.s.
独立変数		
教育年数	n.s.	n.s.
正規雇用ダミー	n.s.	n.s.
非正規雇用ダミー	n.s.	n.s.
自営ダミー	n.s.	n.s.
等価所得	**	***
美容は投資	*	***
何歳でも美容必要	n.s.	n.s.
決定係数	0.289	0.282

注）すべて $N=281$。有意な効果はすべて正。教育年数の二乗も有意な効果をもたなかった。男女別にすると、（独立変数のうち）男性で等価所得の効果がどちらにもなくなった。男女ともに、美容時間への「美容は投資」の効果がなくなった。なお、独立変数から（有意な効果をもたなかった）教育年数、従業上の地位、何歳でも美容必要を除くと、（標本全体でも男女別でも）等価所得と美容は投資の効果がおおむね有意となった（男性における美容時間への等価所得の効果のみ有意でない）。***は回帰係数の有意確率 0.1 パーセント未満、**1 パーセント未満、*5 パーセント未満、†10 パーセント未満、n.s. それ以上。

どちらもおおむね支持された。

　ただし、意識と投資行動にはじつは、逆の因果関係があるのかもしれない。ここでは「美容意識が高いため、その結果として美容投資をする」と想定した。もしかしたら、しかし、ぎゃくに「時間やお金を投資した人は、自分の行動を正当化したいがために、その結果として投資と考える」という可能性も排除できない。今回のようなデータでは、これ以上因果関係を特定することは、残念ながらできない。

4　まとめ

4・1　投資格差の存在――リサーチクエスチョンへの回答

図5が、分析結果を要約している。以上から、リサーチクエスチョン「人びとのあいだで美容資本への投資に偏りがあり、投資格差があるのか、あるとすればどのような人が多くの投資をおこなうのか」に、つぎのように回答できる。

リサーチクエスチョンへの回答　美容時間と美容支出の分布から、投資レベルに偏りがあり、平等ではなかった。平均の比較から、女性ほど、未婚者ほど、収入が多い人ほど、美容を自分への投資と思う人ほど、いつまでも美容活動が必要と考える人ほど、投資レベルが高かった。ただし、年齢、教育、従業上の地位グループでは違いがなかった。回帰分析から、収入が多い人ほど、また美容を投資と捉える人ほど、投資レベルが高かった。したがって、収入と美容意識の違いによって投資レベルの違いがあった。このように、高い収入と美容意識によって投資レベルが上昇したので、社会経済的地位と意識によって人びとのあいだにいわば「投資格差」があった。

先行研究では、これまで美容への投資が、このように時間や金額で測定されることがなかった。この調査で、はじめてそれらの実態と要因が明らかになった。

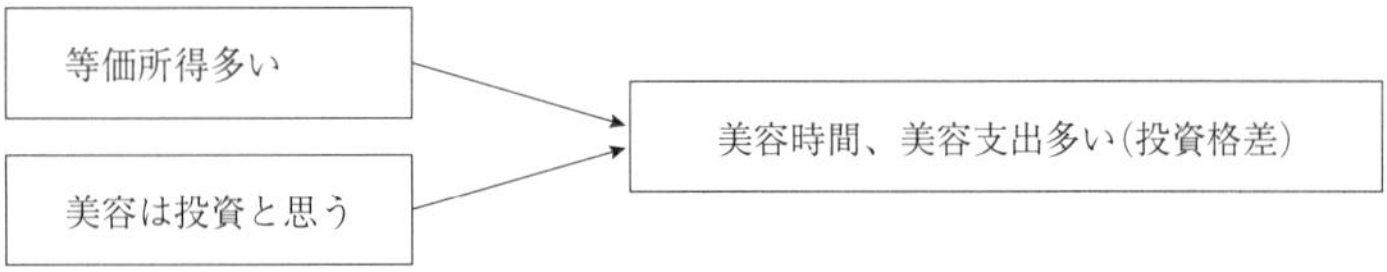

図5　分析結果の要約

注）回帰分析結果より。矢印は因果関係を表す。美容時間への等価所得の効果は女性のみ。

4・2　美容意識が高ければ――回帰分析結果から

回帰分析によれば、収入と（美容は投資という）意識は、独立の効果をもった。ということは、かりに収入が低くても、高い意識をもてば相殺しカバーできるということである。たとえば、（美容支出を従属変数とした回帰分析の非標準化係数から）美容意識が（1から5のうち）1段階あがれば、それは等価所得268・7万円分に相当し、世帯年収で分析すると364・5万円分であった（分析結果は省略）。つまり、1段階意識を高くもてば、世帯年収が364・5万円高い人と同じだけ、美容活動に支出できるのである。回帰分析からは、このように「なにとなにが同じだけの価値をもつのか」がわかり、いわば等高線を求めることができる。

このように、美容への投資は、けっして社会経済的地位だけで決まるのではないことが、この章からわかった。むしろ、収入による制約を受けつつも、高い意識をもつならば、じゅうぶんに美容活動に投資できることが明らかになった。

4・3　美容は投資――理論上の意味

人びとは美容活動を自分への「投資」と捉えている――このことは、美容資本の理論の仮定と一致するので、理論を補強する。序章におけるこの本全体の仮定1で、人びとは美容資本に投資すると想定した。この章の分析で、人びとがじっさいにそう考えていることが確認できた。ストレートに「美容は投資だと思うか」と質問することで、はじめて可能となった。

さらに、美容への投資には、収入と美容意識による格差がある——これは、この本全体の仮説2（社会経済的地位による投資の偏り）のうち「社会経済的地位が高い人ほど、美容資本に投資するだろう」という部分を支持するエビデンスとなる。たしかに、収入が高いほど、投資の時間や金額が増えた。

第3章　投資できれいになるのか——美容資本の蓄積

この章では、美容資本が、投資によってコントロール可能であることが実証される。自分の美しさに投資すると、ほんとうに美しさが蓄積され、きれいになるのか——この章でこの問題を検討する。分析の結果、美容活動への投資支出が多い人ほど、美容資本が蓄積され、きれいになった。したがって、投資はかくじつにペイする。ただし、その結果として容姿レベルは平等ではなく、投資格差による「美容格差」が生まれる——このことが、この章で明らかになる。

1　リサーチクエスチョン

1・1　美容格差はあるのか——リサーチクエスチョン

前章で、美容資本への投資には格差があり、収入が高かったり美容を投資と考えたりする人ほど、多くの時間や金銭を投資していた。では、美しさへの投資は、ほんとうにペイして元を取れるのだろうか。せっかく投資しても、無駄になることはないのだろうか。投資レベルが異なれば、容姿レベルも異なり、いわば「美容格差」があるのだろうか。むしろ、投資が多くても少なくても、容姿レベルは平等で、さしたる違いはないのだろうか。違いがあるなら、投資をしないと、美しくなれないのだろうか。
この章では、こうした投資レベルと容姿レベルの関連を、美容資本の「蓄積」という視点から検討し、美容資本の蓄積の「要因」を解明する。そのために、素朴に考えてみよう。投資が多いほど、美容資本が蓄積されて高い容姿レベルとなるかもしれない。しかし、その保証はなく、とくに変化がないかもしれない、ややもすれば、かえって美容資本を失って容姿レベルが低下するかもしれない。そこで、以下のリサーチクエスチョンを立てて、アタックしよう。

リサーチクエスチョン（美容資本への投資と蓄積の偏り） 美容資本への投資が多い人ほど、多くの美容資本を蓄積し、その結果容姿レベルが向上して美容格差が生まれるのか。

これまで、このように美しさへの投資が容姿レベルにどう影響するのかが、分析されることはなかった。ここでは、美容投資を前章と同じく、美容活動への「美容時間」「美容支出」として捉えよう。

1・2 美容投資はペイするのか——仮説

ここでの仮説は明確である。投資レベルが、容姿レベルの要因となっているのかどうかを、以下の仮説で検証する（仮説の図示は図1）。

仮説1（容姿レベルの向上） 美容資本への投資が多い人ほど、多くの美容資本を維持・増殖させ蓄積で

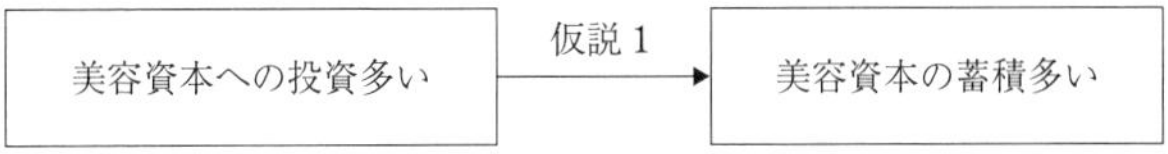

図1　仮説
注）矢印は因果関係を表す。

きるので、容姿レベルが高いだろう。

かりに仮説1が支持され、美しさへの投資がペイしたとして、美容時間と美容支出はどのように容姿レベルに影響するだろうか。片方だけがとくに効果をもつかもしれないし、りょうほうが同じように影響するかもしれない。そこで、ここではつぎのように想定しよう。

仮説2（投資レベルの効果の違い）　美容への投資時間と、投資支出は、どちらも美容活動に不可欠なため、それぞれ独立して（同じように）容姿レベルを促進するだろう。

2　方法

2・1　２０１９年暮らしについての西東京市民調査——データ

データとして、前章と同じく２０１９年暮らしについての西東京市民調査を用いる。ランダムサンプリングに基づく郵送調査であり、東京都西東京市の20〜70歳個人が対象となった（調査の概要は序章参照）。

この章では、回答者のうち分析する主な変数に回答した２９４人を対象とする（これは2章と同じ対象者）。ただし、個人年収、世帯年収、等価所得では欠損（無回答）があったため、これより少ない。２９４人の構成は2章参照。

2・2　容姿レベルを5段階で測定する——従属変数

従属変数である容姿レベルは、以下のように測定した。1章や4～6章とはデータが異なるため、異なる質問の仕方をしているので注意してほしい。1章などでは容姿レベルを0下から10上まで11段階で測定したのにたいし、この章ではつぎのように5段階となっている。区別するため、「5段階容姿レベル」とよぼう。

質問（5段階容姿レベル）かりに現在の日本の社会全体を、ルックス（顔）で以下の5つの層にわけるとすれば、あなた自身は、どれに入ると思いますか（○はそれぞれ1つ）
（項目）20歳のころ　現在
（選択肢）5もっともハンサム、美人な20%、4そのつぎの20%、3中間の20%、2そのつぎの20%、1まったくハンサム、美人でない20%

このように、回答者が自分で自分の容姿レベルを判断した。このデータは郵送調査のため、他者評価することができなかった。筆者の研究によれば、ただし、こうした自己評価であっても、他者からの評価とおおむね一致することがわかっている（小林 2017b）。

美容時間、美容支出は、前章のとおり、「美容活動に一日～分」「美容活動に月～円」で測定した。

表1　主な変数の記述統計

	従属変数	独立変数（美容投資）	
	5段階容姿レベル（現在）	美容時間（日～分）	美容支出（月～円）
平均値	2.69	18.9	6083.1
中央値	3	15	4000
最頻値	3	10	3000
標準偏差	0.92	18.4	6403.3
最小値	1	0	0
最大値	5	120	40000
男性平均	2.67	10.5	3823.3
女性平均	2.71	26.0	8001.9
男女平均の差	n.s.	***	***

注）データは2019年暮らしについての西東京市民調査。すべて$N=294$。容姿レベルは現在について。***は分散分析で有意確率0.1パーセント未満、**1パーセント未満、*5パーセント未満、†10パーセント未満、n.s.それ以上。

3　分析結果

3・1　5段階容姿レベルの回答結果――分布

この章における主な変数の記述統計は表1、従属変数の分布が図2となった。20歳時と現在における、5段階容姿レベルである。

分布は一山で、もっとも多かったのは、20歳時でも現在でも中間の3だった。50パーセントほどが集中していた。5もっともハンサム、美人な20%には、数パーセントしか回答しなかった。

記述統計から、（省略したが）20歳時の平均容姿レベルは2・94、現在2・69で、現在のほうがやや低かった。カイ二乗検定の結果、どちらの分布も男女のあいだで異ならなかった。

20歳時と現在の相関係数は0・683で、1パーセント水準で有意な関連があった。つまり、20歳時に自分の容姿が高かったと思う人ほど、現在も有意にそう思っていた。

3・2　投資レベルのグループ別で容姿レベルは異なるのか――比較

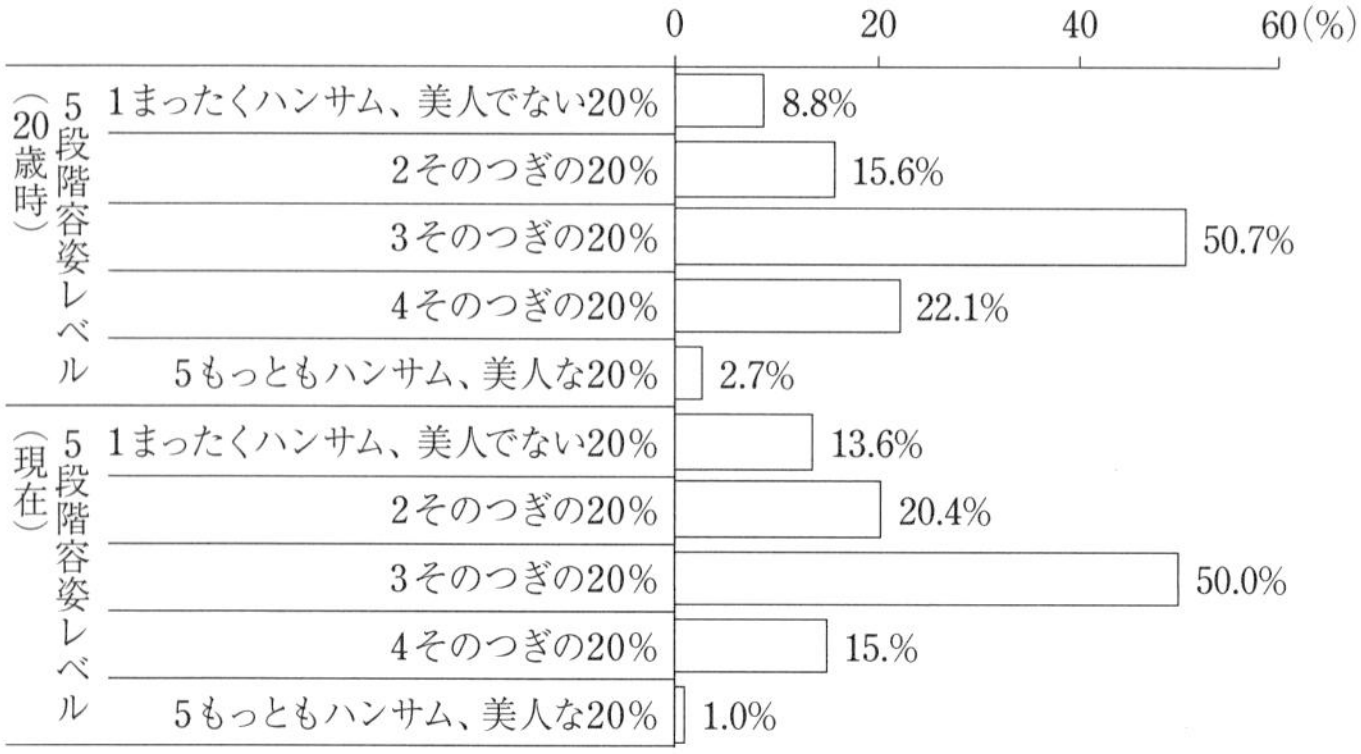

図2　20歳時と現在の5段階容姿レベルの分布

注）*N*＝294。カイ二乗検定の結果、どちらの分布も、男女のあいだで異ならなかった。美容時間、美容支出の分布は2章。

　仮説1が正しければ、投資レベルのグループ別にみると、容姿レベルが異なるはずである。図3が、グループ別の平均5段階容姿レベルを報告する（現在について）。20歳時のものは、仮説にないので以下で分析する必要はない。美容時間、美容支出のグループ分けは、それぞれの四分位による。

　このように、美容時間も美容支出も、有意に容姿レベルを向上させた。つまり、美容活動に多くの時間をかける人ほど容姿レベルが高く、また多くの支出をする人でもそうだった。たとえば、美容時間が5分以下の人は、平均5段階容姿レベルが2・48なのにたいし、30分以上の人は3・00だった。美容支出が千円以下の人は平均2・49なのにたいし、月1万円以上の人は3・14であった。美容資本への投資は、かくじつに実り、元が取れる

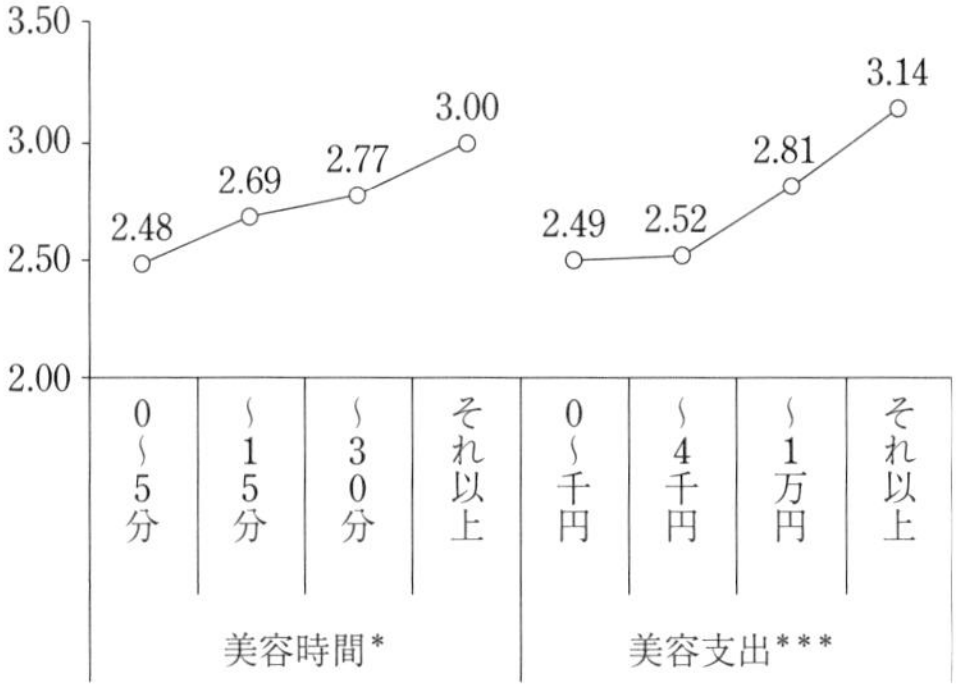

図3　美容投資別の平均5段階容姿レベル（現在）

注）N=294。美容時間、美容支出のグループ分けは、それぞれの四分位による。男女別にすると、男女ともに、美容時間の効果がなくなった。***は分散分析で有意確率0.1パーセント未満、**1パーセント未満、*5パーセント未満、†10パーセント未満、n.s.それ以上。

といえる。ただし、男女別にすると、男女ともに美容時間の効果がなくなった。

3・3　回帰分析で要因をつきとめる——多変量解析

容姿レベルに美容投資の違いがどれくらい影響するのかを明らかにするため、5段階容姿レベルを従属変数とする回帰分析をおこなった。仮説1、2にしたがい、独立変数は美容時間と美容支出であり、統制変数を属性（男女、年齢、婚姻状態）、社会経済的地位（教育、職業、収入）とする。

表2が結果を報告する。このように、他の影響を除くと、独立変数のうち美容支出が有意な正の効果をもったが、美容時間は効果がなかった。つまり、美容活動への支出が多い人ほど容姿レベルが高かった。しかし、美容活動に時間をかけていても、とくに容姿レベルに違いはなかった（低いわけでもなかった）。

表2　5段階容姿レベル（現在）を従属変数とした回帰分析結果（検定結果のみ）

統制変数	
男性ダミー	n.s.
年齢	n.s.
既婚ダミー	*
離死別ダミー	n.s.
教育年数	*
正規雇用ダミー	n.s.
非正規雇用ダミー	n.s.
自営ダミー	n.s.
等価所得	n.s.
独立変数	
美容時間	n.s.
美容支出	**
決定係数	0.120

注）$N=281$。有意な効果はすべて正。男女別にすると、（独立変数のうち）男性で美容時間が有意な効果をもち、女性で美容支出の効果が10パーセント水準でのみ有意となった。なお、独立変数から美容支出を除くと、（標本全体でも男女別でも）美容時間の効果がすべて有意となった。ぎゃくに美容支出を除くと、（標本全体でも男女別でも）美容時間の効果がすべて有意となった。***は回帰係数の有意確率0.1パーセント未満、**1パーセント未満、*5パーセント未満、†10パーセント未満、n.s.それ以上。

男女別にすると、男性で美容時間が有意な効果をもち、女性で美容支出の効果が10パーセント水準でのみ有意となった。なお、独立変数から美容支出を除くと、（標本全体でも男女別でも）美容時間の効果がすべて有意となった。したがって、たしかに美容時間の効果はなかったが、これは美容支出に吸収されたと考えることもできる。

これらの結果から、仮説1「美容資本への投資が多い人ほど、多くの美容資本を維持・増殖させ蓄積できるので、容姿レベルが高いだろう」は支持された。とくに、美容支出が容姿レベルを促進させた。

仮説2「美容への投資時間と、投資支出は、どちらも美容活動に不可欠なため、それぞれ独立して容姿レベルを促進するだろう」は、ただし、支持されなかった。回帰分析でたがいに統制した結果、美容時間の効果が消え、美容支出のみが容姿レベルに有意な効果をもった。

では、統制変数の効果はどうか。未婚者にたいして既婚者ほど、また教育年数が長いほど、容姿レベルが上がった。ただ、既婚者については、容姿レベルが高いから結婚した、という逆の因果関係の可能性も排除できない。

それでは、美容活動に投資をしないと、美しくなれないのだろうか。統制変数の効果から、教育を高めることは、(間接的かもしれないが)容姿レベルを向上させることがわかる。既婚であることも促進要因となるが、「美しくなるために結婚する」というのは、現実的とはいえないだろう。

4　まとめ

4・1　美容格差の存在――リサーチクエスチョンへの回答

図4が、分析結果を要約している。以上から、リサーチクエスチョン「美容資本への投資が多い人ほど、多くの美容資本を蓄積し、その結果容姿レベルが向上して美容格差が生まれるのか」に、つぎのように回答できる。

リサーチクエスチョンへの回答　平均の比較から、美容活動への投資時間が多かったり、投資支出が多かったりする人ほど、容姿レベルが高かった。回帰分析から、投資支出が多い人ほど、容姿レベルが高

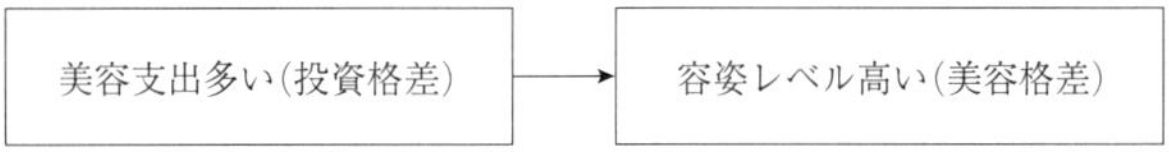

図4　分析結果の要約

注）回帰分析結果より。矢印は因果関係を表す。他に既婚と高い教育のみが有意な効果をもった。「美容は投資」「何歳でも美容必要」という美容意識は、容姿レベルに影響しなかった。

かった。したがって、美容資本への投資はかくじつにペイし、容姿レベルを向上させた。ただし、その結果として、美容活動への投資レベルの違いによって、容姿レベルの違いがあった。このように、投資レベルが高いほど容姿レベルが上昇したので、投資格差によって人びとのあいだにいわば「美容格差」が存在した。

先行研究では、これまで容姿レベルへの投資の効果が分析されたことはない。ちょくせつ影響があることが、今回はじめて明らかになった。

なお、同じ調査で、美容活動の結果どのようなことを経験したかを、「美容や身だしなみをすることで、どのような経験がありますか（○はいくつでも）」と質問した（詳しくはコラム3）。選択肢のうち、「きれいになった」「若々しくなった」と回答した人の割合を、美容時間、美容支出のグループごとに比較したのが、図5である。

このように、美容への時間が増えたり、支出が多くなるほど、きれいになったと感じたり、若々しくなったと思う人がおおむね増えた。とくに、きれいになれたと感じた人は、美容時間が5分以下の人で14・7パーセントだったのが、30分以上の人だと67・7パーセントへと4・6倍となった。美容支出が千円以下の人だと21・1パーセントであったが、月1万円以上の人だと57・1パーセントと2・7倍になった。ただ、「清潔感がでた」と感じた人の割合は、美容への時間

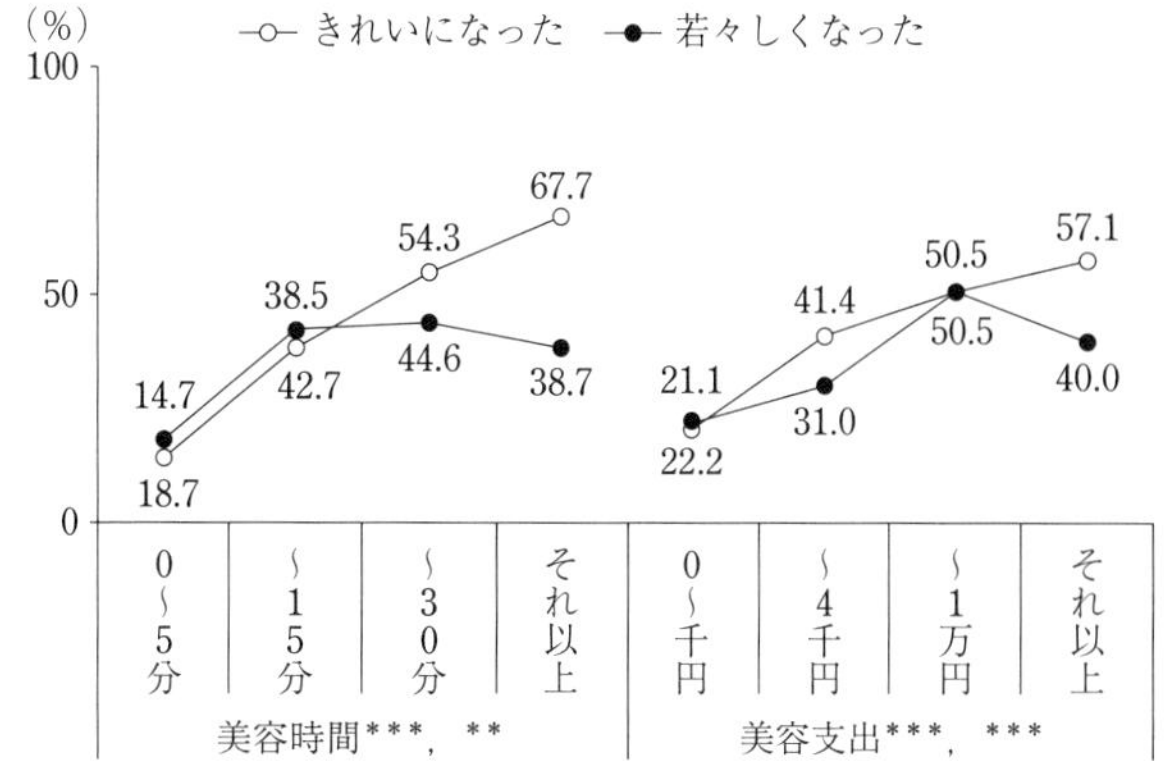

図5　美容投資別の美容結果割合

注）$N=294$。美容時間、美容支出のグループわけは、それぞれの四分位による。***は分散分析で有意確率0.1パーセント未満、**1パーセント未満、*5パーセント未満、†10パーセント未満、n.s.それ以上（左がきれいになったについて、右が若々しくなったについて）。

や支出が増えても、とくに変化なかった。

4・2　カワイイは作れる?――メディアでの描かれ方

メディアのなかで、美容投資の効果はどのように描かれているのだろうか。花王は、1976年発売のシャンプーであるエッセンシャルに2006年、「カワイイはつくれる」という広告文を使った（守口・中川 2008）。図6が当時の広告用画像である。

このように、女優やモデルが並ぶなか、中央にいるのは漫才コンビの山崎静代（南海キャンディーズ）である。このことは、「容姿レベルが努力によって向上しうる」というメッセージとなったと考えられる。したがって、この宣伝では、「カワイイは作れるのだから、シャンプーという美容活動に投資すれば、容姿レベルの向上が期待できる」と描かれていたといえる。

なお、筆者が授業でこの画像を紹介し、「カワイイイは作れると思いますか」と質問したところ、ある女性学生は「作れなきゃ困ります」と即答した。カワイイは作れないと困る――これが、じつは人びとのあいで共有されている本音なのかもしれない。

図6　カワイイはつくれる

注）出典：守口・中川（2008）。「カワイイはつくれる」は花王エッセンシャルシャンプーの2006年の広告文。

4・3　美容資本は美容投資でコントロールできる――理論上の意味

容姿レベルは、美容活動への投資レベルによって左右される――このことは、美容資本の理論にとってどのような意味があるのか。美容投資が促進要因となり、美容資本を維持・増殖させ、蓄積されていた。したがって、美容資本が、美容投資によってコントロール可能であることが実証された。

これは、この本全体の仮説1のうち「美容資本に投資する人ほど、美容資本が維持・増殖され蓄積される」という部分を、支持するエビデンスとなる。たしかに、美容活動への投資支出が多い人ほど、容姿レベルが高かった。

第4章　ハンサム、美人はモテるのか――家族形成への効果

前章までで、美容資本の要因（原因）を検討したので、ここから4～6章で美容資本の効果（結果）を調べる。この章では、恋愛、結婚、出産といった家族形成への効果が検証される。ハンサム、美人な人はモテて、結婚しやすく、さらに子どもが多いのか――この章でこの問題を検討する。分析の結果、そうした人は、たしかに恋愛、結婚、出産の人数が多いので、家族形成は平等ではなく、美容格差による「恋愛格差」「結婚格差」「出産格差」が存在した。したがって、美容資本への投資が、恵まれた家族形成によって回収される――このことが、この章で明らかになる。

1　リサーチクエスチョン

1・1　美容格差による恋愛格差、結婚格差、出産格差――リサーチクエスチョン

ここまでの検討で、美容資本への投資には多く投資する人とそうでない人のあいだで「投資格差」があり、その結果容姿レベルに違いが生じて「美容格差」が存在することがわかった。では、美容資本への投資は、家族形成において回収でき、恵まれた家族形成を促進するのだろうか。

具体的には、ハンサム、美人な人たちは、そのおかげで、恵まれた家族形成ができるだろうか。たとえば、そうした人は恋愛市場における強者で、そうでない人よりモテるのだろうか。結婚市場でもそうで、結婚しやすいのか。子どもが多いだろうか。ハンサム、美人でないと、家族形成で不利となり、恋人ができなかったり、結婚ができなかったりするのだろうか。それとも、じつはどれも美容とあまり関係ないのだろうか。

この章では、こうした家族形成への容姿の影響を、美容資本からの「回収」という視点で検討し、美容資本の「効果」を解明する。そのために、素朴に考えてみよう。見た目のよい人ほどモテて、その結果結婚しやすいように予想できる。もしそうなら、美容格差によっていわば「恋愛格差」「結婚格差」「出産格差」があることになる。しかし、その保証はない。家族形成は平等で、とくに違いがないのかもしれない。ともすれば、むしろねたまれて、損をする可能性もある。そこで、以下のリサーチクエスチョンにアタックする。

リサーチクエスチョン（家族形成への美容資本の効果） 美容資本が多く、容姿レベルが高い人ほど、家族形成から多くの回収ができ、その結果家族形成格差が生まれて、恋愛、結婚、出産で恵まれているのか。

バスによると、容姿レベルの高い女性は高い教育の男性と結婚するが、結婚のチャンスに容姿レベルで差はない（Buss, 1994）。しかし、これまで恋愛や出産への効果は、未解明であった。

ここでは、恋愛、結婚、出産をその人の恋人人数、結婚人数、子ども人数といった人数で「量的に」

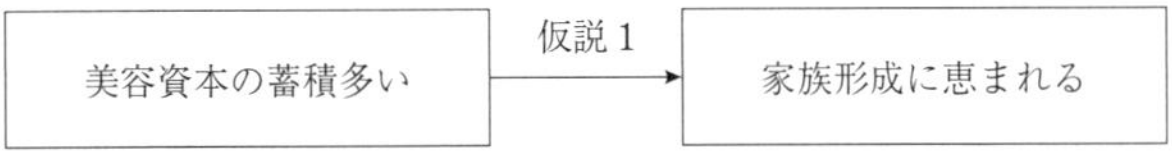

図1　仮説

注）矢印は因果関係を表す。

把握する。そうすることで、クリアな分析が可能となる。人数だけでは、ただし、関係の「質」や「期間」が抜けおちてしまうので、この点は留意したい。

1・2　家族形成は向上するのか——仮説

美しさは、モテなどにどう影響するだろうか。見た目がよいと、周囲によい印象を与える可能性がある。そうだとしたら、家族形成のチャンスが増えるはずなので、つぎのように仮説を立てることが自然だろう（図1）。

仮説1（家族形成の向上）　美容資本の蓄積が多く、容姿レベルが高い人ほど、家族形成のチャンスが高いため、家族形成に恵まれ、恋愛、結婚、出産の人数が多いだろう。

ただし、恋愛はインフォーマルな関係のため、もっぱら当事者のあいだで閉じうる。これにたいし、結婚、出産は法的に位置づけられ制度化されているため、家族、親族、場合によっては職場やコミュニティも巻き込む。そのため、容姿レベルという個人的な要素の役割は、恋愛とくらべると低下するかもしれない。そこで、つぎのように仮説を立てよう。

仮説2（容姿レベルの効果の違い）　結婚、出産は恋愛より制度化されているため、美容資本の効果は、結婚、出産にたいするほうが、恋愛にたいするより低いだろう。

2　方法

2・1　２０１８年社会階層とライフコース全国調査、２０１８年嗜好品と豊かさや幸福に関する調査——データ

データとして、２０１８年社会階層とライフコース全国調査（Ａ票）と、２０１８年嗜好品と豊かさや幸福に関する調査（Ｂ票）を合併して用いる。ランダムサンプリングに基づく訪問面接調査（一部留置可）であり、日本全国の20～79歳個人が対象だった（調査の概要は序章参照）。

この章では、回答者のうち分析する主な変数に回答した２１９９人を対象とする（これは1章と同じ対象者）。ただし、個人年収、世帯年収、等価所得では欠損（無回答）があったため、これより少なかった。また、恋愛にかんする人数は、Ａ票でのみ質問したため、標本サイズが小さい。２１９９人の構成は1章参照。

2・2　恋愛の人数を測定する——従属変数

従属変数のうち、恋愛にかんする人数は、Ａ票のつぎの質問で測定した。Ａ票のみのため、標本サイズは全体の半数ほどとなる。

質問1（恋愛の人数）　あなたには、以下のような人が「何人」くらいいますか。（○はそれぞれ1つ、または数字を記入）（調査員注：未婚者の場合「現在まで」について聞く）

（項目）中学卒業から最初の結婚まで「恋人として交際」した人（結婚相手含む）、中学卒業から最初の結婚まで「キス」した人（結婚相手含む）、中学卒業から最初の結婚まで「あなたから」恋愛感情を告白した人（結婚相手含む）、中学卒業から最初の結婚まで「あなたに」恋愛感情を告白した人（結婚相手含む）

（選択肢）0、1、2、3、4、5、または（　）人

このように、4つの項目について、人数を数字で回答してもらった。それぞれ「恋人人数」「キス人数」「告白した人数」「告白された人数」とよぶ。

質問で「中学卒業から」と限定している。これはプリテストの結果、小学校までは含めないほうがよいとの判断に達した。また、初婚まで（または現在まで）とすることで、経験の幅をそろえた。

本来ならデート人数や性関係も測定できればよかったが、訪問面接調査のため断念した。それらは、インターネット調査でなら、測定されたことがある（小林・川端編 2019）。

2・3　結婚、出産の人数を測定する——従属変数

残る従属変数である結婚、出産についても、同じ質問のなかでつぎのように測定した。ただし、これらはB票とも共通で質問された。

質問2（結婚、出産の人数）　あなたには、以下のような人が「何人」くらいいますか。（○はそれぞれ1つ、または数字を記入）（調査員注：未婚者の場合「現在まで」について聞く）
（項目）これまでの「結婚相手」（事実婚も含む）（未婚の場合は0）、自分の「子ども」（別居も含む）（連れ子、養子は除く）
（選択肢）0、1、2、3、4、5、または（　）人

このように、結婚には事実婚も含んでいる。子どもは、しかし、実子のみとし、連れ子、養子は除いた。それぞれ「結婚人数」「子ども人数」とよぼう。こうして、合計6つの項目で、家族形成の人数を測定する。

なお、4～6章では、独立変数である容姿レベルが1章と同じく0下から10上までの11段階となる（記述統計、分布は1章）。2～3章では異なるデータを用い、5段階で容姿レベルを測定したので、注意が必要であろう。

3　分析結果

3・1　恋愛、結婚、出産の回答結果——分布

この章における主な変数の記述統計は表1、従属変数の分布が図2となった。

表１　主な変数の記述統計

	従属変数						独立変数
	恋愛				結婚・出産		
	恋人人数	キス人数	告白した人数	告白された人数	結婚人数	子ども人数	容姿レベル
N	982	916	968	956	2199	2199	2199
平均値	2.42	2.73	1.24	2.04	0.88	1.62	5.30
中央値	2	2	1	1	1	2	5
最頻値	1	1	0	0	1	2	5
標準偏差	2.55	4.19	1.62	3.13	0.47	1.14	1.37
最小値	0	0	0	0	0	0	1
最大値	30	50	10	60	6	8	10
男性平均	2.83	3.53	1.96	1.72	0.84	1.54	5.19
女性平均	2.07	2.00	0.61	2.32	0.91	1.69	5.41
男女平均の差	***	***	***	**	**	**	***

注）データは2018年社会階層とライフコース全国調査（A票）、2018年嗜好品と豊かさや幸福に関する調査（B票）の合併。恋愛にかんする人数はA票のみのため標本サイズが小さい。***は分散分析で有意確率0.1パーセント未満、**1パーセント未満、*5パーセント未満、†10パーセント未満、n.s. それ以上。

　恋愛から確認しよう。このように、分布はどれも一山だった。ただし、恋人人数とキス人数でピークが１人だったのにたいし、告白した、されたどちらも０人がピークだった。平均すると、２・42人と初婚（または現在）まで恋人として交際し、２・73人とキスした。告白は１・24人にして、２・04人から告白された。これらの人数は、おおむね先行研究と一致する（たとえば内閣府 2011）。

　結婚、出産はどうか。分布から、結婚では１人がピークとなり、子どもでは０人と２人で二山あった。平均すると、０・88人と結婚し、子どもが１・62人いた。

　相関係数を調べると、恋愛にかんする４つの人数は、たがいに正の関連が

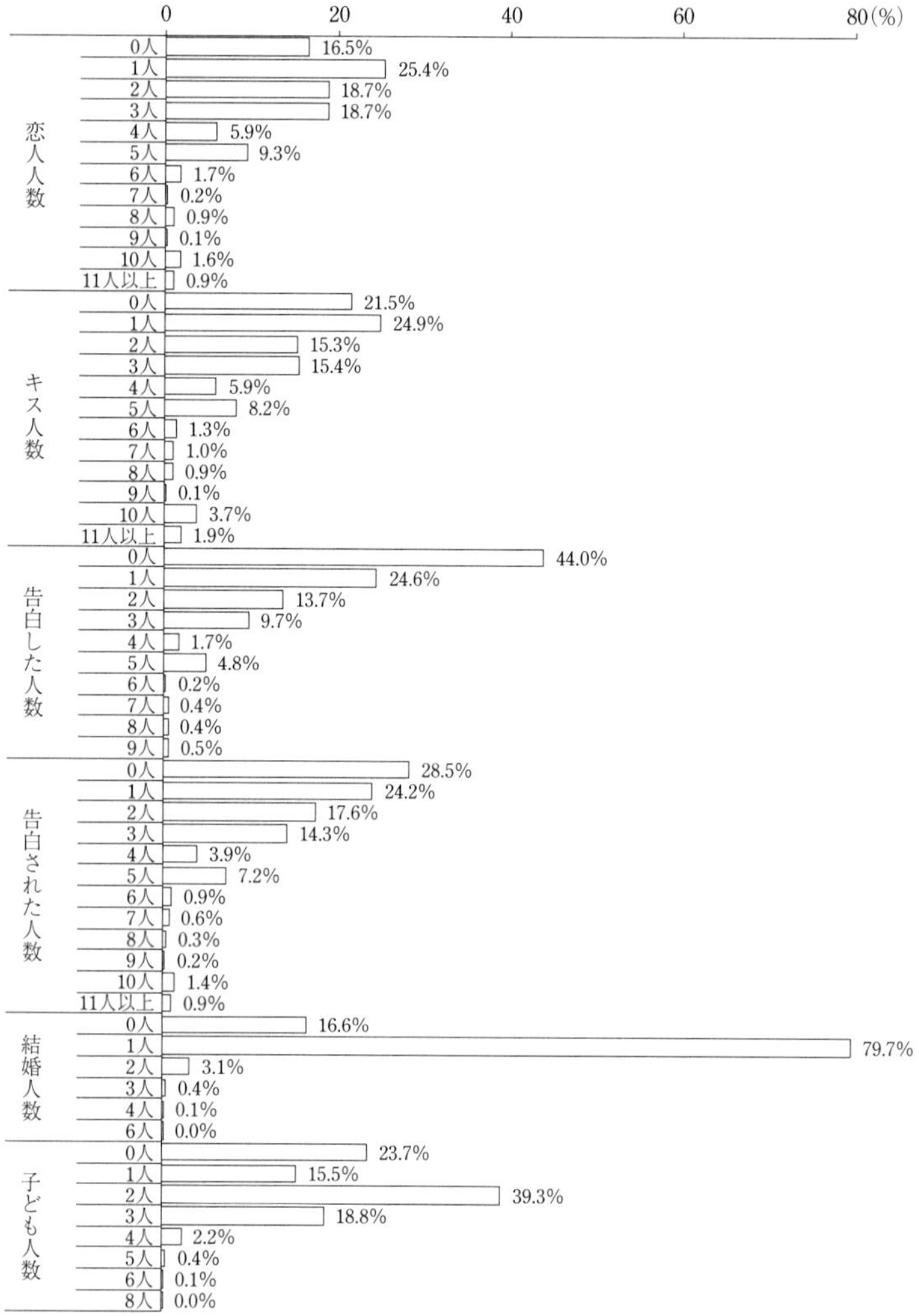

図2　恋人人数、キス人数、告白した人数、告白された人数、結婚人数、子ども人数の分布

注）それぞれ N=982、916、968、956、2199、2199。容姿レベルの分布は1章。11人以上はまとめた。カイ二乗検定の結果、男女のあいだですべての分布が異なった。

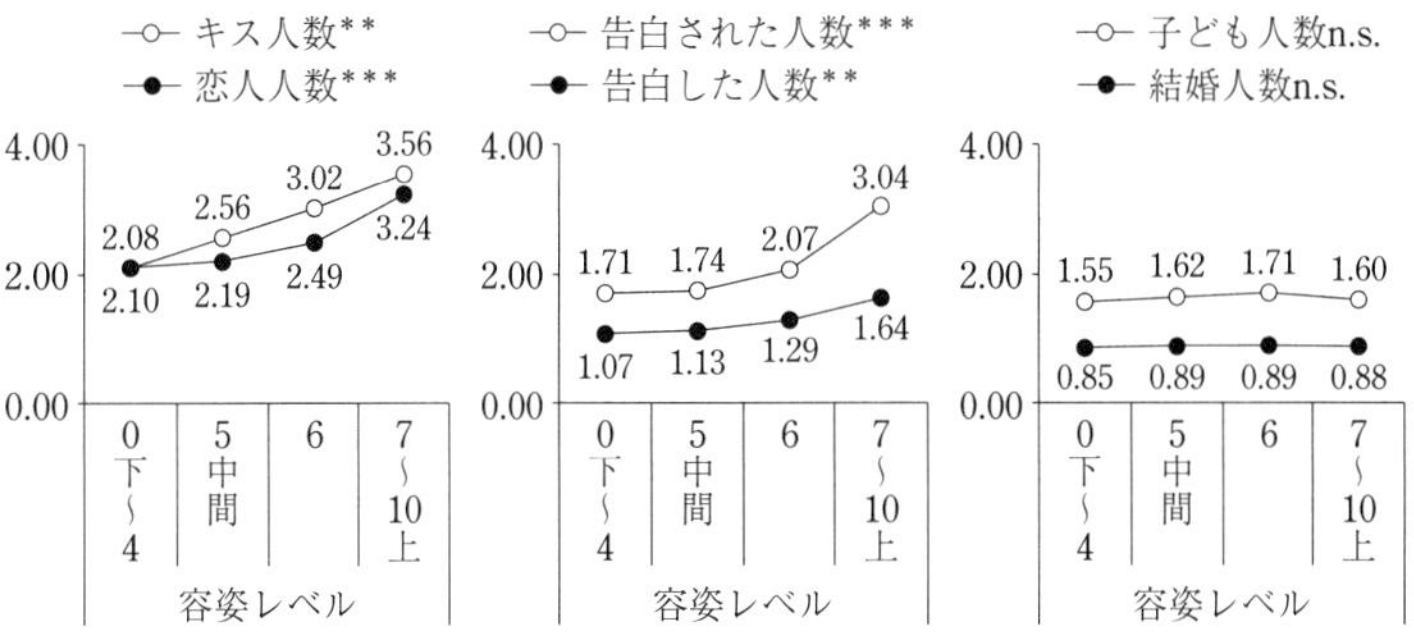

図3　容姿レベル別の平均家族形成人数

注）恋人人数 N=982、キス人数916、告白した人数968、告白された人数956、結婚人数と子ども人数2199。容姿レベルのグループ分けは四分位による。男女別にすると、男性で告白された人数が、女性で告白した人数が、有意な関連でなくなった。男性で子ども人数との関連があった。***は分散分析で有意確率0.1パーセント未満、**1パーセント未満、*5パーセント未満、†10パーセント未満、n.s.それ以上。

あった。ところが、結婚人数は恋人人数、告白された人数と正の関連があったが、キス人数、告白した人数とは関連がなかった。子ども人数は、恋人人数、キス人数、告白した人数、告白された人数と関連がなく、結婚人数とのみ正の関連があった。これらから、やはり恋愛と結婚・出産はやや異なるメカニズムをもつと予想できる。

3・2　容姿レベルのグループ別で家族形成は異なるのか——比較

仮説1が正しければ、容姿レベルのグループ別にみると、家族形成の人数が異なるはずである。図3が、グループ別の平均人数を報告する。容姿レベルのグループ分けは四分位による。仮説どおりなら、右肩上がりとなるはずだ。

このように、ほぼすべての人数が右肩上がりとなっている。つまり、容姿レベルが高い人ほど、恋愛、結婚、出産の人数が増えていた。とくに、恋愛で明確なトレンドが観察できた。たとえば、容姿レベルがもっとも低いグループ（第1四分位）では恋人が平均2・10人いたのが、もっとも高いグループ（第4四分位）では3・24人へと1・5倍増える。どうように、キス人数は2・08人から3・56人へ1・7倍、告白した人数は1・07人から1・64人へ1・5倍、告白された人数は1・71人から3・04人へと1・8倍、増加した。

ただし、結婚人数と子ども人数は、ゆるやかに増えてはいるが、統計的に有意な違いではなかった。なお、結婚経験率（既婚者と離死別者の合計）は、容姿レベルがもっとも低いグループ（第1四分位）で80・7パーセントなのにたいし、容姿レベルが6（第3四分位）で86・5パーセントでピークとなり、もっとも高いグループ（第4四分位）で83・4パーセントとまた低下した。カイ二乗検定で、有意な関連はなかった。

3・3　回帰分析で要因をつきとめる――多変量解析

家族形成に容姿レベルの違いがどう影響するのかを検証するするため、家族形成の6つの人数を従属変数とする回帰分析をおこなった。仮説にしたがい、独立変数は容姿レベルであり、統制変数は属性（男女、年齢）、社会経済的地位（教育）とする。

表2が結果を報告する。このように、他の影響を除くと、容姿レベルは恋人人数、結婚人数、子ども人数どれも有意に促進した。つまり、容姿がよいと、家族形成に恵まれ、恋愛、結婚、出産のすべてのチャンスが高まった。

男女別にすると、ただし、女性で恋人人数、キス人数、告白した人数への容姿レベルの効果がなくな

表2　家族形成を従属変数とした回帰分析結果（検定結果のみ）

	従属変数					
	恋人人数	キス人数	告白した人数	告白された人数	結婚人数	子ども人数
統制変数						
男性ダミー	***	***	***	***	*（負）	*（負）
年齢	***（負）	***（負）	***（負）	***（負）	***	***
教育年数	n.s.	n.s.	n.s.	**（負）	n.s.	**（負）
独立変数						
容姿レベル	***	**	***	**	***	***
決定係数	0.087	0.097	0.230	0.061	0.136	0.157
N	894	894	894	894	2199	2199

注）有意な効果は（負とある以外）すべて正。男女別にすると、（独立変数のうち）女性で恋人人数、キス人数、告白した人数への容姿レベルの効果がなくなった。容姿レベルの（有意な）非標準化係数は、従属変数が恋人人数のとき0.215（人）、キス人数0.285（人）、告白した人数0.125（人）、告白された人数0.227（人）、結婚人数0.027（人）、子ども人数0.098（人）。***は回帰係数の有意確率0.1パーセント未満、**1パーセント未満、*5パーセント未満、†10パーセント未満、n.s.それ以上。

った。男性への効果は残った。

なお、容姿レベルの（有意な）非標準化係数から、11段階の容姿レベルが1つ上がることで、（他の影響を調整したうえで）それぞれの人数が平均するとどれだけ増えるのかが、計算できる。それによると、1ランク容姿レベルがよくなると、恋人人数は0・215人増えた。キス人数は0・285人、告白した人数は0・125人、告白された人数は0・227人上昇した。およそ0・1～0・3人の範囲である。

これにたいし、結婚人数は0・027人、子ども人数は0・098人増えた。0・02～0・1人の範囲で、恋愛にかんする人数よりは少ないことがわかる。

これらの結果から、仮説1「美容資本の蓄積が多く、容姿レベルが高い人ほど、家族形成のチャンスが高いため、家族形成に恵まれ、恋愛、結婚、出産の人数が多いだろう」は、おおむね支持された。ただし、回帰分析で恋人人数、キス人数、告白した人数への効果が女性でなかった。
仮説2「結婚、出産は恋愛より制度化されているため、美容資本の効果は、結婚、出産にたいするほうが、恋愛にたいするより低いだろう」はどうか。これも、支持されたといえるだろう。回帰分析では、容姿レベルは同じように有意な（正の）効果をどれにももった。とはいえ、非標準化係数を比較すると、容姿レベルが1ランク上がることで、恋愛の人数は0・1～0・3人増えたのにたいし、結婚と出産では0・02～0・1人の範囲と少なかった。

4　まとめ

4・1　恋愛格差、結婚格差、出産格差の存在——リサーチクエスチョン

図4が、分析結果を要約している。以上から、リサーチクエスチョン「美容資本が多く、容姿レベルが高い人ほど、家族形成から多くの回収ができ、その結果家族形成格差が生まれて、恋愛、結婚、出産で恵まれているのか」に、つぎのように回答できる。

リサーチクエスチョンへの回答　平均の比較から、容姿レベルが高い人ほど、これまで恋人が多く、多くの人とキスをし、告白したりされたりすることが多かった。回帰分析から、容姿レベルが高い人ほど、恋人、キス、告白すること、告白されること、結婚、子どもが多かった。ただし、恋人、キス、告白することは、男性のみで、女性では効果なかった。このように、容姿レベルが高い人ほど恵まれた家族形

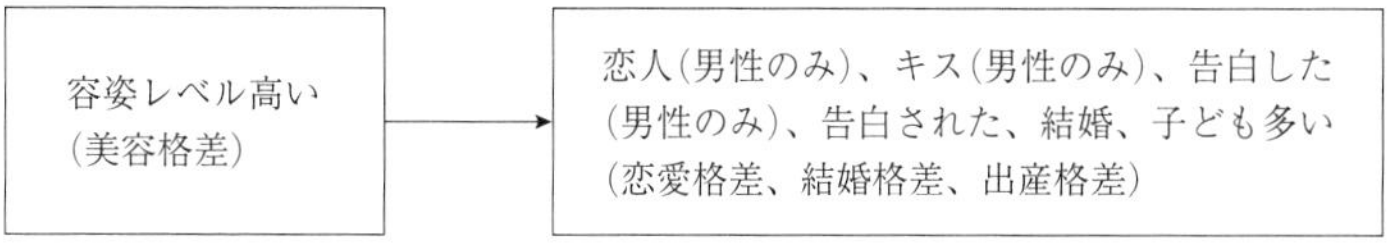

図4　分析結果の要約

注) 回帰分析結果より。矢印は因果関係を表す。

成ができるので、美容格差によって人びとのあいだにいわば「恋愛格差」「結婚格差」「出産格差」が存在した。

こうして、家族形成において、容姿レベルは無視できない効果をもつことがわかった。いわば、ハンサム、美人はモテるだけでなく、結婚チャンスも、さらに出産チャンスも高かった。

今回、容姿から恋愛や出産に影響のあることが、はじめて明らかになった。恋愛では個人差が大きいため、これまで実態の解明が遅れていた。しかし、現代社会では結婚のうち恋愛結婚が９割を占めるようになったため、恋愛を抜きにして家族形成を考えることはできないはずである。

４・２　ルックスがアドバンテージ?――メディアでの描かれ方

メディアのなかで、美容格差による恋愛格差や結婚格差は、どのように描かれてきたのだろうか。広瀬香美による１９９３年の曲「ロマンスの神様」で、つぎのように歌われた（ジャケット写真は図５左）。

「目立つにはどうしたらいいの、一番の悩み、性格良ければいい、そんなの嘘だと思いませんか」（「ロマンスの神様」より）

図5　「ロマンスの神様」（左）「恋するフォーチュンクッキー」（右）のジャケット

注）「ロマンスの神様」は広瀬香美により1993年12月発表。「恋するフォーチュンクッキー」はAKB48により2013年8月発表。

　このように、恋人を見つけたい人（ここでは女性）にとって、一番の悩みは「どうすれば目立てるか」であるという。そのとき、しばしば「性格が良ければいいでしょう」といわれるが、「そんなの嘘」だと一蹴する。

　では、なにが必要か。明示されていないが、それゆえに、容姿（ルックス、見た目）であることは明らかで、聞き手と明確に共有されていたはずである。ジャケット写真からは、そうした「性格か、見た目か」に悩む様子が暗示されている。

　もうすこし現代になるとどうか。ちょうど20年後の2013年に、AKB48による「恋するフォーチュンクッキー」で、やはり恋の悩みがつぎのように歌われた（ジャケット写真は図5）。

> 「性格いいコがいいなんて男の子はいうけど、ルックスがアドバンテージ、いつだって可愛いコが人気投票1位になる」（「恋するフォーチュンクッキー」より）

このように、構造は変わっていない。たとえ「性格いいコがいい」と男性が口にしても、本音は「ルックスがアドバンテージ」だという。かりに人気投票をしたら、「性格いいコ」ではなく「いつだって可愛いコ」が「1位になる」。つまり、性格より見た目が、すくなくともまずは重視されるのではないか——そう主張される。

ただし、そうした現状を肯定することが、この歌の趣旨ではない。この直後、「その殻さあ壊してみよう」と、さりげなく、しかし力強く提案される。ジャケット写真は、既存の社会規範を前提としつつも、大胆に乗りこえるための勇気を、与えようとしているようにもみえる。

今回の分析から、ルックス（容姿レベル）が恋愛や結婚において、ある程度アドバンテージとなることがわかった。それでは、ハンサム、美人でないと、恋人ができなかったり、結婚ができなかったりするのだろうか。

そうではない。今回の分析は、ルックスだけですべてが決まるわけではないことも、明らかにした。図3によれば、もっとも容姿レベルが低いグループ（第1四分位）であっても、平均すると2・10人と交際し、2・08人とキスし、1・07人に告白し、1・71人から告白されていた。（省略したが）80・7パーセントの人が結婚していた。

4・3　美容資本は家族形成を促進する——理論上の意味

容姿レベルは、恋愛、結婚、出産のチャンスを増やし、家族形成を促進する。このことは、美容資本への投資は、美容資本の蓄積をとおして、家族形成において回収されることを意味する。

したがって、これは序章におけるこの本全体の仮説1のうち「美容資本に投資する人ほど、美容資本が維持・増殖され蓄積されるため、多くの成果が得られて家族形成が向上するだろう」を、支持するエビデンスとなる。美しさは、たしかに家族形成のチャンスを上昇させた。

第5章　ハンサム、美人は金持ちになるのか――地位への効果

4～6章は美容資本の効果（結果）を調べる。この章では、教育、職業、収入といった社会経済的地位への効果が検証される。ハンサム、美人な人は教育が高く、よい仕事につき、金持ちになれるのか――この章でこの問題を検討する。分析の結果、そうした人は（職業こそとくに違いがなかったが）高い教育と収入を得ていたので、地位達成は平等ではなく、美容格差による「地位格差」が存在した。したがって、美容資本への投資が、限定的とはいえ高い地位達成によって回収される――このことが、この章で明らかになる。

1　リサーチクエスチョン

1・1　美容格差による地位格差――リサーチクエスチョン

前章で、美容資本への投資が家族形成において回収され、その結果として美容格差が恋愛、結婚、出産で格差を生むことがわかった。では、美容資本への投資は、教育、職業、収入といった社会経済的地位においても回収でき、高い地位を提供するのだろうか。

具体的には、ハンサム、美人な人たちは、そのおかげで、よい教育を受けたり、よい仕事に就いたり、さらには金持ちになれるのだろうか。学校や職場のなかで、よいポジションを維持できるのか。労働市場で価値を高めて、安定した仕事を選べるのだろうか。ビジネスで信頼を得やすく、成功して金持ちになるのだろうか。ハンサム、美人でないと、金持ちになれないのだろうか。それとも、世間は厳しく、じつは平等で、見た目ではなく中身が問われ、とくに差がでないのだろうか。それどころか、「見た目を気にする人は中身がない」と判断されて、かえって不利となるのだろうか。

この章では、こうした地位への容姿の影響を、美容資本からの「回収」という視点で検討し、美容資本の「効果」を解明する。そのために、素朴に考えてみよう。見た目がよいと、好印象や信頼感を相手に与えるため、ライフチャンス（生き方の幅、選択肢）が拡がって、高い地位を達成できそうにみえる。もしそうなら、美容格差によっていわば「地位格差」があることになる。しかし、その保証はない。ともすれば、地位達成は平等だったり、むしろ実力より低く過少評価されることがあったりするかもしれない。そこで、以下のリサーチクエスチョンにアタックする。

リサーチクエスチョン（社会経済的地位への美容資本の効果）　美容資本が多く、容姿レベルが高い人ほど、社会経済的地位から多くの回収ができ、その結果地位格差が生まれて、教育、職業、収入で恵まれているのか。

ハマーメッシュ他によれば、北米社会で容姿レベルが高い人ほど、収入が多かった（Hamermesh and

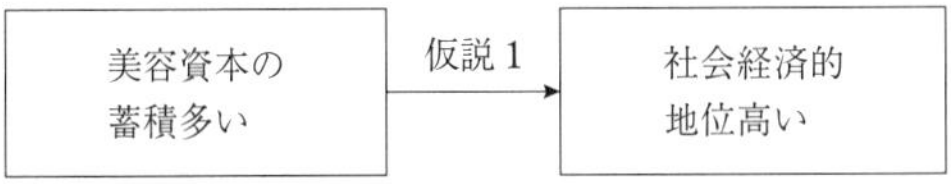

図1　仮説

注）矢印は因果関係を表す。

Biddle, 1994)。しかし、これまで教育や職業とどうじに分析されることが、なかった。

なお、地位を達成することは「地位達成」、教育、職業、収入で地位達成することは「教育達成」「職業達成」「収入達成」とよばれる。

1・2　地位は向上するのか——仮説

では、容姿レベルは、地位を促進するのだろうか、それともぎゃくに抑制するのだろうか。ここでは、ハンサム、美人ほど、受験、就職活動、ビジネスのなかでよい機会や仕事を提供されることでライフチャンスが拡がって、高い地位を達成できると想定しよう。そこで、つぎの仮説を立てる（図1）。

仮説1（地位達成の向上）　美容資本の蓄積が多く、容姿レベルが高い人ほど、ライフチャンスが拡がるため、社会経済的地位に恵まれ、高い教育、職業、収入を達成するだろう。

ここでは、量的に分析するため、教育年数が長いことを「高い教育達成」、正規雇用であることを「高い職業達成」、世帯年収が多いことを「高い収入達成」として捉えよう。

それでは、教育、職業、収入への容姿レベルの効果は、等しいのだろうか。職業達成は教育達成を前提として、そのうえに築かれる。収入達成は、さらに教育達成と職業達成のうえにある。したがって、もし仮説1のとおり見た目が地位を押し上げるなら、あとになるほど効果がいわば「累積」されて、強くなるはずである。そうだとしたら、つぎの仮説が当てはまるだろう。

仮説2（容姿レベルの効果の違い）　地位への美容資本の効果は累積されるため、教育より職業への効果のほうが、また職業より収入への効果のほうが、強いだろう。

2　方法

2・1　２０１８年社会階層とライフコース全国調査、２０１８年嗜好品と豊かさや幸福に関する調査――データ

データとして、２０１８年社会階層とライフコース全国調査（A票）と、２０１８年嗜好品と豊かさや幸福に関する調査（B票）を合併して用いる。ランダムサンプリングに基づく訪問面接調査（一部留置可）であり、日本全国の20～79歳個人が対象だった（調査の概要は序章参照）。

この章では、回答者のうち分析する主な変数に回答した２１９９人を対象とする（これは1、4章と同じ対象者）。ただし、個人年収、世帯年収、等価所得では欠損（無回答）があったため、これより少なかった。２１９９人の構成は1章参照。

2・2　地位を測定する――従属変数

従属変数のうち、まず教育はつぎの質問で測定した。

質問1（教育）　この中から、あなたが通った学校をすべてお選びください。中退、通学中の学校も含めます。（○はいくつでも）

（選択肢）中学校、高校、短大・高専（5年制）（専門学校は別です）、大学、大学院、専門学校・専修学校・各種学校、その他

このように、通ったすべての学校を質問した。分析では、公的教育のみとするため、専門学校・専修学校・各種学校を除いた。そのうえで、最終学歴をもとに、教育年数を割りあて、中学校卒＝9年、高校卒＝12年、短大・高専卒＝14年、大学卒＝16年、大学院卒＝18年とした。

つぎに、職業はつぎのように従業上の地位で質問した。

質問2（従業上の地位）　あなたは現在、「どのような形」で働いていますか。主なものを1つだけお選びください。（○は1つ）

（選択肢）正規雇用の仕事（社員、公務員、職員）、非正規雇用の仕事（派遣、契約、嘱託社員、パート、アルバイト、臨時雇用、内職）、自営（自営業主、自由業主、家族従業員）、学生、引退した（そのとき次の仕事を探した）、引退した（次の仕事を探さなかった）、無職（仕事を探している）、無職（仕事を探していない）、

専業主婦・主夫

　このうち、学生から専業主婦・主夫までをまとめて無職とする。その結果、正規雇用、非正規雇用、自営、無職の4グループができる。

　さいごに、収入はつぎのように世帯年収を質問した。ここまでの章では収入は原則として、等価所得を用いてきた。ここでは、しかし、（等価所得は世帯年収を人数の平方根で割っているため）より直感的に理解しやすいよう、世帯年収を用いる（等価所得による分析もおこなう）。

質問3（**世帯年収**）では、過去1年間の、あなたの「ご家庭の収入」にあてはまるものを、1つお選びください。年金、株式配当、臨時収入、副収入なども含めて、税込みでお答えください。だいたいのところで結構です。（○は1つ）（調査員注：対象者が回答をいやがる様子があった場合、「調査の性質上、ぜひお答えいただきたい項目です」と、伝える。強制的にならないように）

（選択肢）なし、1～200万円くらい、200～400万円くらい、400～600万円くらい、600～800万円くらい、800～1000万円くらい、1000～1500万円くらい、1500万円以上

　分析では、各選択肢の中央値を割りふる。たとえば、1～200万円くらい＝100万円、200～400万円くらい＝300万円とした。1500万円以上は1500万円とした。

3　分析結果

3・1　地位の回答結果――分布

この章における主な変数の記述統計は表1、従属変数の分布が図2となった。

このように、教育では高校卒が53・7パーセントと半数以上で最多で、つぎに大学卒が23・4パーセントで続いた。平均教育年数は13・1年なので、高校卒の12年をやや上回った。

職業はどうか。従業上の地位の分布をみると、正規雇用が35・7パーセントで最多で、無職28・5パーセント、非正規雇用24・2パーセントと続いた。最小は自営業の11・6パーセントだった。この割合は、おおむね他の調査結果と一致している。

世帯年収の分布から、200〜399万円がもっとも多く、27・2パーセントいた。それ以上のグループにもおおむね20パーセントほどが、均等に分布していた。平均世帯年収は578・0万円だった。

一般に、教育が高いほど、よい仕事に就き、収入が多くなる。この標本でも、カイ二乗検定の結果、教育が高い人ほど有意に正規雇用者となっていた（0・1パーセント水準）。たとえば、中学校卒のうち正規雇用者は10・6パーセントなのが、高校卒だと33・4パーセント、大学卒では49・4パーセントへと上昇する。

分散分析の結果、教育が高い人ほど有意に世帯年収が高かった（0・1パーセント水準）。たとえば、中学校卒では平均世帯年収が346・4万円にたいし、高校卒543・3万円、大学卒700・6万円

表1　主な変数の記述統計

	従属変数						独立変数
	教育	従業上の地位				収入	
	教育年数	正規雇用	非正規雇用	自営業	無職	世帯年収（～万円）	容姿レベル
N	2199	2199	2199	2199	2199	1953	2199
平均値	13.1	35.7%	24.2%	11.6%	28.5%	578.0	5.30
中央値	12	0	0	0	0	500	5
最頻値	12	0	0	0	0	300	5
標準偏差	2.2	0.5	0.4	0.3	0.5	346.6	1.37
最小値	9	0	0	0	0	0	1
最大値	18	1	1	1	1	1500	10
男性平均	13.3	52.4%	13.2%	15.0%	19.4%	598.5	5.19
女性平均	12.9	20.7%	34.1%	8.6%	36.6%	559.2	5.41
男女平均の差	***	***	***	***	***	*	***

注）データは2018年社会階層とライフコース全国調査、2018年嗜好品と豊かさや幸福に関する調査の合併。***は分散分析で有意確率0.1パーセント未満、**1パーセント未満、*5パーセント未満、†10パーセント未満、n.s.それ以上。

だった。同じく分散分析の結果、正規雇用者ほど、世帯年収が高かった（0・1パーセント水準）。正規雇用であれば平均世帯年収が701・3万円なのが、それ以外だと507・7万円だった。

問題は、これらに容姿レベルがどう影響するかである。

3・2　容姿レベルのグループ別で地位達成は異なるのか——比較

仮説1が正しければ、容姿レベルのグループ別にみると、地位達成が異なるはずである。図3が、グループ別の教育、職業、収入達成の平均を報告する。容姿レベルのグループ分けは四分位による。仮説どおりなら、右肩上がりとなるはずだ。

このように、容姿レベルが上がると、

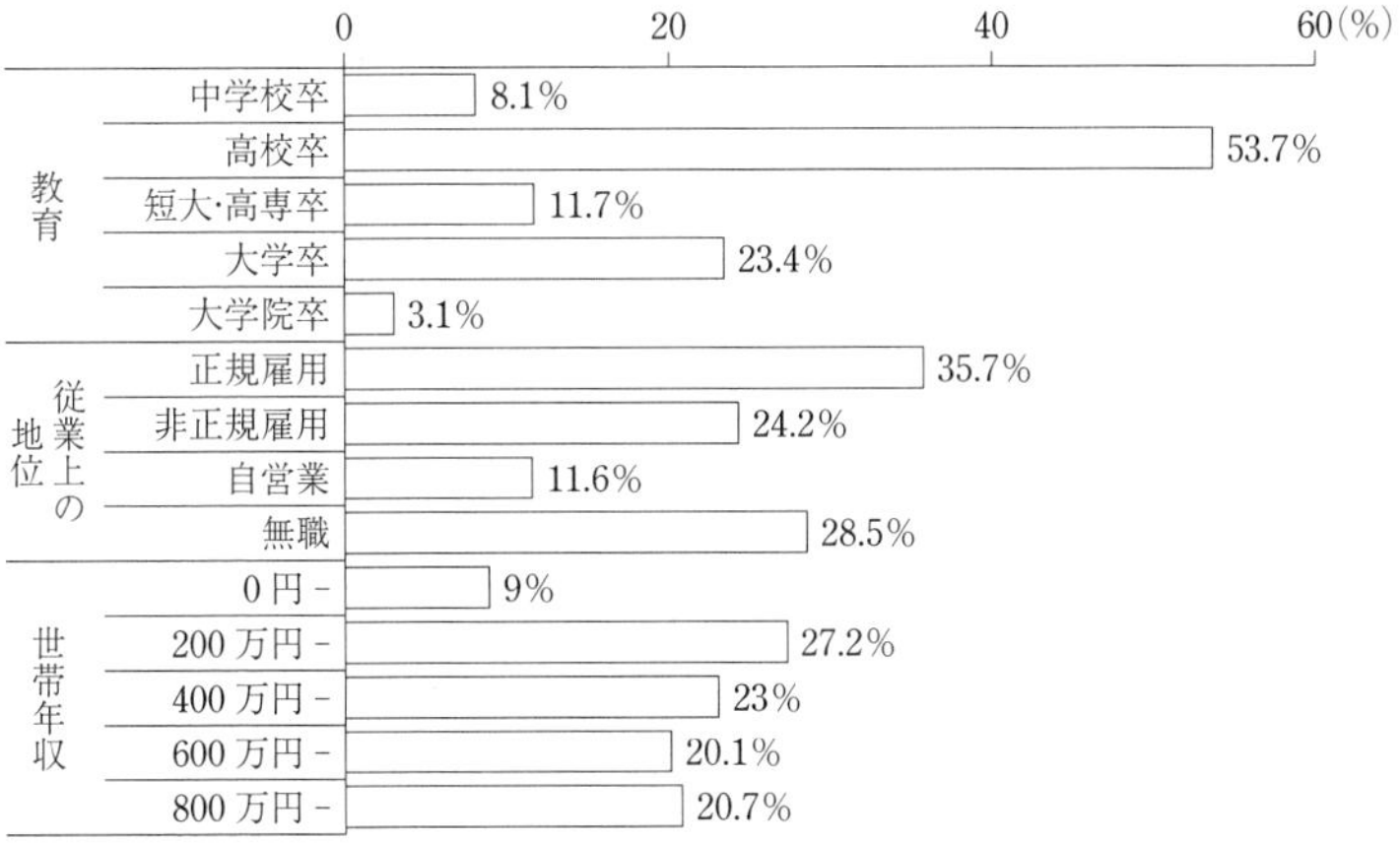

図2　教育、従業上の地位、世帯年収の分布

注）それぞれ*N*=2199、2199、1953。容姿レベルの分布は1章。カイ二乗検定の結果、男女のあいだですべての分布が異なった。

教育年数、正規雇用者の割合、世帯年収は明確に右肩上がりとなり、無職の割合は右肩下がりとなっていた。つまり、容姿レベルが高い人ほど、教育が高く、正規雇用者が多く、無職者が少なく、世帯年収が高かった。これらはどれも、分散分析またはカイ二乗検定で有意な効果であり、仮説と適合的である。

たとえば、容姿レベルがもっとも低いグループ（第1四分位）では、平均教育年数が12・7年なのが、もっとも高いグループ（第4四分位）では13・7年へと約1・0年延びる。同じように、正規雇用者は34・8パーセントから45・0パーセントへと10・2パーセント増加する。いっぽう、無職者は30・7パーセントから23・1パーセントへと7・6パーセントほど減る。世帯年収は522・3万円だったのが、669・9万円へと147・6万円増加した。他に、（結果は省略したが）個人年収は284・3万円から328・3万円へと、44・0万円上昇した。

非正規雇用者と自営業者の割合は、ただし、容姿

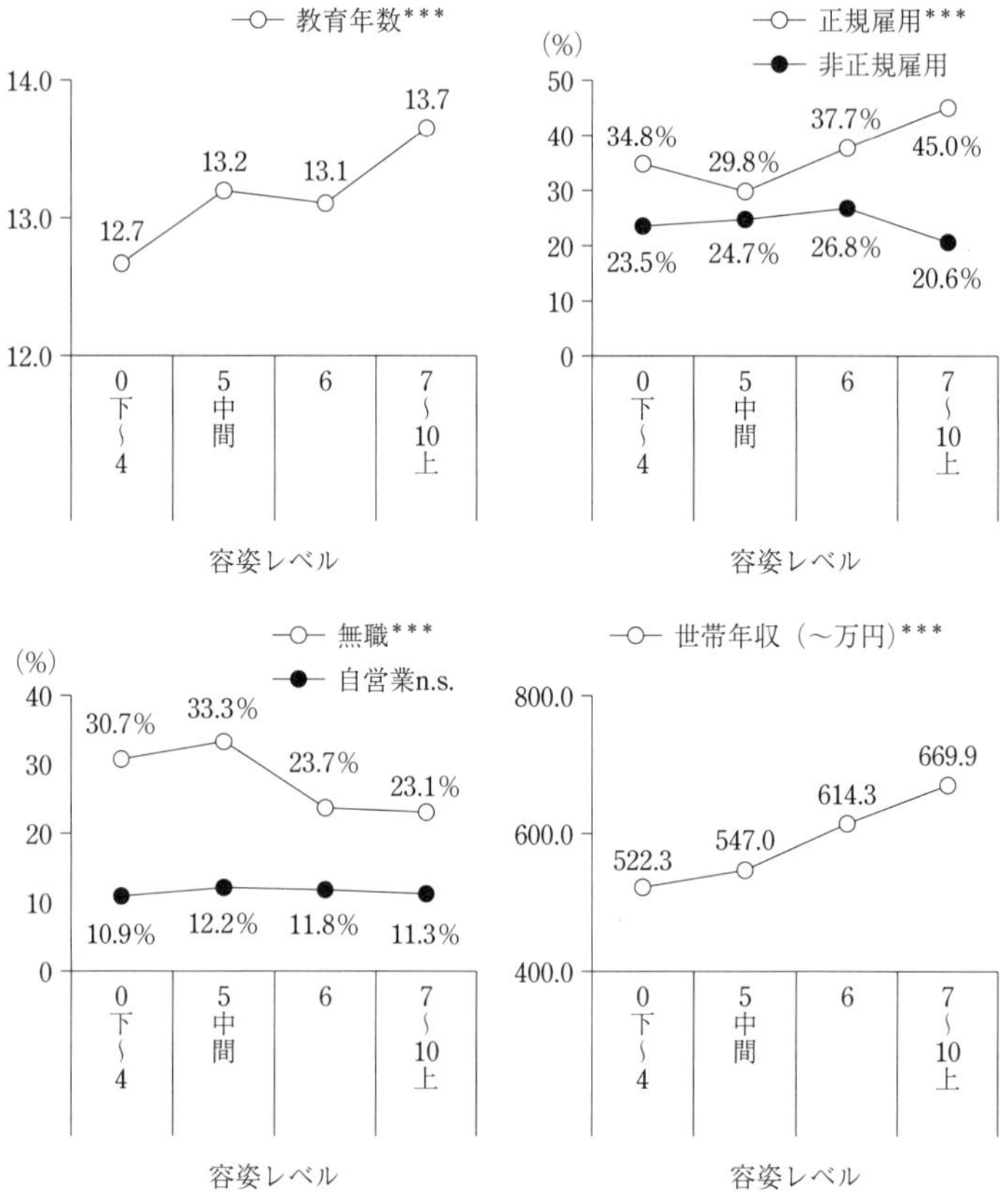

図3　容姿レベル別の平均社会経済的地位

注）世帯年収 $N=1953$、それ以外 $N=2199$。容姿レベルのグループ分けは四分位による。男女別にすると、女性で非正規雇用との関連があった。***は分散分析またはカイ二乗検定で有意確率 0.1 パーセント未満、**1 パーセント未満、*5 パーセント未満、†10 パーセント未満、n.s. それ以上。

レベルによってとくに変化なく、誤差の範囲内であった。とはいえ、（結果は省略したが）課長以上の役職者の割合は、容姿レベルがもっとも低いグループで男性のうち16・2パーセントだったが、もっとも高いグループで26・8パーセントとなり、有意に増えた。女性では3・6パーセントから5・7パーセントへと増加したが、有意な違いではなかった。

3・3　回帰分析で要因をつきとめる――多変量解析

地位達成に容姿レベルの違いがどう影響するのかを特定するするため、教育年数、正規雇用かどうか、世帯年収を従属変数とする回帰分析をおこなった（正規雇用は2値なのでロジスティック回帰分析）。仮説にしたがい、独立変数は容姿レベルであり、統制変数は属性（男女、年齢）とする。

なお、正規雇用を従属変数とするときは教育年数を、世帯年収を従属変数とするときは教育年数と従業上の地位を、統制変数に追加する。統制変数に婚姻状態が入っていないのは、教育年数の要因となるとは考えにくいためであり、正規雇用と世帯年収の分析で追加した結果は表の注で報告される。

表2が結果を報告する。このように、他の影響を除くと、容姿レベルは教育年数と世帯年収を有意に促進した。つまり、容姿がよいと、教育年数が長く、また世帯年収が多かった（個人収入、等価所得も上がった）。ただし、正規雇用者となるかどうかには、影響がなかった（非正規雇用者、自営業者、無職者になるかどうかにも、無関係だった）。

男女別にするとどうか。男女で標本を分けても、容姿レベルの効果に変化はなかった。

なお、容姿レベルの（有意な）非標準化係数から、11段階の容姿レベルが1つ上がることで、（他の影

表2　社会経済的地位を従属変数とした回帰分析結果（検定結果のみ）

	従属変数		
	教育年数	正規雇用	世帯年収
統制変数			
男性ダミー	***	***	**（負）
年齢	***（負）	***（負）	n.s.
教育年数		***	***
正規雇用			***
非正規雇用			***
自営業			***
独立変数			
容姿レベル	***	n.s.	***
決定係数	0.101	0.277	0.176
N	2199	2199	1953

注）正規雇用のみロジスティック回帰分析（決定係数はCox-Snell）。有意な効果は（負とある以外）すべて正。空欄は統制変数として用いていないことを表す。従属変数を非正規雇用、自営、無職としたロジスティック回帰分析でも、容姿レベルの有意な効果はなかった。従属変数を個人年収、等価所得とした回帰分析でも、容姿レベルの有意な正の効果があった。正規雇用、世帯年収を従属変数とした分析に婚姻状態（既婚ダミー、離死別ダミー）を統制変数として追加しても、容姿レベルの効果に変化なかった。男女別にしても、（独立変数のうち）容姿レベルの効果に変化なかった。容姿レベルの（有意な）非標準化係数は、従属変数が教育年数のとき0.173（年）、世帯年収22.0（万円）。***は回帰係数の有意確率0.1パーセント未満、**1パーセント未満、*5パーセント未満、†10パーセント未満、n.s.それ以上。

響を調整したうえで）従属変数それぞれが平均するとどれだけ増えるのかが、計算できる。それによると、1ランク容姿レベルがよくなると、教育年数が0・173年延び、世帯年収が22・0万円上昇する（個人年収なら7・4万円、等価所得なら12・7万円）。

　これらの結果から、仮説1「美容資本の蓄積が多く、容姿レベルが高い人ほど、ライフチャンスが拡がるため、社会経済的地位に恵まれ、高い教育、職業、収入を達成するだろう」は、おおむね支持された。教育と収入については仮説どおりだったが、職業については容姿レベルによる違いがなかった。したがって、容姿レベルによっていわば「教育格差」と「収入格差」があったが、「職業格差」はなかった。

仮説2「地位への美容資本の効果は累積されるため、教育より職業への効果のほうが、また職業より収入への効果のほうが、強いだろう」は、どうか。これは支持されなかった。教育と収入に明確な効果があるいっぽう、職業には容姿が影響しなかった。

4 まとめ

4・1 地位格差の存在——リサーチクエスチョンへの回答

図4が、分析結果を要約している。以上から、リサーチクエスチョン「美容資本が多く、容姿レベルが高い人ほど、社会経済的地位から多くの回収ができ、その結果地位格差が生まれて、教育、職業、収入で恵まれているのか」に、つぎのように回答できる。

リサーチクエスチョンへの回答　平均の比較から、容姿レベルが高い人ほど、教育が高く、正規雇用者が多く、無職者が少なく、世帯年収が高かった。回帰分析から、容姿レベルが高い人ほど、教育が高く、世帯年収が高かった。ただし、職業への影響はなかった。このように、容姿レベルが高い人ほど社会経済的地位が高かったので、美容格差によって人びとのあいだにいわば「地位格差」が存在した。

この章では、教育、職業、収入という社会経済的地位の3大要素について、はじめて見た目との関連

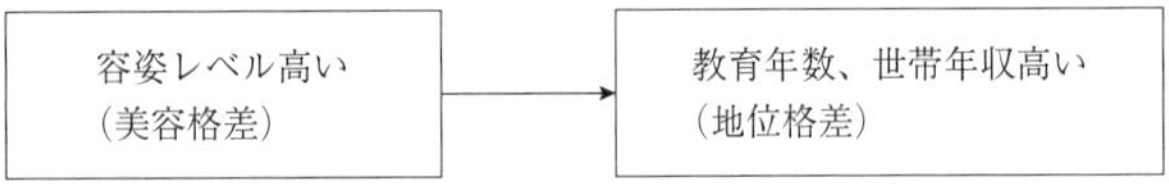

図4　分析結果の要約

注）回帰分析結果より。矢印は因果関係を表す。従業上の地位への容姿レベルの効果はなかった。

が明らかになった。ここでは、容姿レベルが要因となり、教育、職業、収入を左右すると想定した。この因果関係の方向は、しかし、逆かもしれない。

たしかに人によっては、見た目のおかげで特定の教育を受けたり、特定の職業に就いたり、その結果収入が変化することがあるかもしれない。そのいっぽう、（短大、大学へ進学するなど）特定の教育を受けたり、（接客業など）特定の仕事をしたりする結果、ルックスへの意識が変化して、ファッションやメイクに力を入れることもあるだろう。1章ではむしろ、この可能性を想定して、教育、職業、収入が容姿レベルに影響を与えるという因果関係を分析した。

地位が先か、容姿が先か。これは、あたかも「卵が先か、鶏が先か」と同じように、決着のつかない謎かもしれない。そのため、1章とこの章では、2方向の因果関係を分析した。

4・2　職業、イケメン——メディアでの描かれ方

メディアのなかで、美容格差による地位格差は、どのように描かれているのだろうか。筆者の自宅の近所（東京都港区六本木駅前）に、カラーの大きな看板があり、とても目立っている。そこには「職業、イケメン」と書かれている（図5）。

なにの広告なのだろうか。これは求人広告で、あるホストクラブのグループ企業が設置したものである。

図5　職業、イケメン

注）東京都港区六本木駅前の広告。筆者撮影（2020年1月）。

このように、爽やかな男性が笑顔でほほえんで、「職業、イケメン」としてホストを募集している。そのため、「もしあなたがハンサムなら、それが仕事になりますよ」ということが、（ほんとうにそうとの保証はないが）メッセージとして発せられている。

この章の分析では、容姿レベルが正規雇用などの従業上の地位に影響することは、なかった。とはいえ、接客業やホストなど、特定の職業についてならば、見た目が役だつし、ときには不可欠である可能性が、この広告から示唆される。

4・3　美容資本は地位達成を促進する——理論上の意味

容姿レベルは、教育と収入を底上げし、地位達成を促進する。このことは、美容資本への投資が、美容資本の蓄積をとおして、社会経済的地位の達成において回収されることを意味する。

したがって、これはこの本全体の仮説1（序章）

のうち「美容資本に投資する人ほど、美容資本が維持・増殖され蓄積されるため、多くの成果が得られて社会経済的地位が向上するだろう」を、支持するエビデンスとなる。美しさは、たしかに教育と収入という地位を上昇させた。

第6章　ハンサム、美人は幸せなのか
——ウェルビーイングへの効果

4～6章は美容資本の効果（結果）を調べる。この章では、幸せ、健康、上流下流意識といったウェルビーイングへの効果が検証される。ハンサム、美人な人は幸せで、健康で、上流意識をもつのか——この章でこの問題を検討する。分析の結果、そうした人は、たしかに幸せで、健康で、上流意識をもつので、ウェルビーイングは平等ではなく、美容格差による「ウェルビーイング格差」が存在した。したがって、美容資本への投資が、豊かなウェルビーイングによって回収される——このことが、この章で明らかになる。

1　リサーチクエスチョン

1・1　美容格差によるウェルビーイング格差——リサーチクエスチョン

4章と5章で、美容資本への投資が家族形成と地位達成において回収され、その結果として美容格差がそれぞれで格差を生むことがわかった。では、美容資本への投資は、幸せ、健康、上流下流意識といったウェルビーイングにおいても回収でき、豊かなウェルビーイングを提供するのだろうか。

具体的には、ハンサム、美人な人たちは、そのおかげで、豊かな人生を送って幸せになるのだろうか。身体面でも健康なのか。上流下流意識でいうと上流だと感じやすいのだろうか。ハンサム、美人でないと、幸せになれないのか。それとも、幸福感に見た目は無関係で平等であるため、とくに幸せでも不幸でもないのか。むしろ、必要以上に注目を浴びるなど、かえって面倒が増えて、幸福感が下がるのだろうか。

この章では、こうしたウェルビーイングへの容姿の影響を、美容資本からの「回収」という視点で検討し、美容資本の「効果」を解明する。ウェルビーイングとは「善き生」ともよばれ、主観的幸福感、生活満足度、健康、ストレスなどを含む。この章では、とくに幸せ、健康、上流下流意識（これは階層帰属意識とよばれる）に着目する。

そのために、素朴に考えてみよう。見た目がよいと、好印象や信頼感を相手に与えるため、ライフチャンス（生き方の幅、選択肢）が拡がって、高いウェルビーイングを得られそうに思える。もしそうなら、美容格差によっていわば「ウェルビーイング格差」があることになる。しかし、その保証はない。ともすれば、むしろ邪魔となるのかもしれない。そこで、以下のリサーチクエスチョンにアタックする。

リサーチクエスチョン（ウェルビーイングへの美容資本の効果） 美容資本が多く、容姿レベルが高い人ほど、ウェルビーイングから多くの回収ができ、その結果ウェルビーイング格差が生まれて、幸福感、健康、階層帰属意識で恵まれているのか。

ウンバーソン他によれば、容姿レベルが高い人ほど、主観的幸福感、生活満足度が上がり、ストレスが低下した（Umberson and Hughes, 1987。なお、幸福感の一般的傾向はLayard, 2005, 日本人の幸福感は大竹他 2010 に詳しい）。しかし、健康や階層帰属意識については、未解明である。
なお、つうじょう階層帰属意識はウェルビーイングに含まれない。ここでは、人びとの生き方の豊かさを表すと考え、含めることとする。

1・2　ウェルビーイングは向上するのか――仮説

見た目がよいなら、好印象や信頼感を周囲に提供できるかもしれない。そうだとしたら、ライフチャンスが拡がるので、結果として豊かなウェルビーイングを得られるはずである。そこで、つぎの仮説を立てられる（図1）。

仮説1（ウェルビーイングの向上）　美容資本の蓄積が多く、容姿レベルが高い人ほど、ライフチャンスが拡がるため、ウェルビーイングが豊かで、高い幸福感、健康、階層帰属意識を得るだろう。

ここでは、不幸より幸せと感じること、健康であること、下流より上流と思うことを、「高い幸福感」「高い健康」「高い階層帰属意識」として捉えよう。
それでは、幸福感、健康、階層帰属意識への容姿レベルの効果は、等しいのだろうか。健康は身体の評価であるのにたいし、幸福感と階層帰属意識は人びとの心理である。そのため、見た目の影響があれ

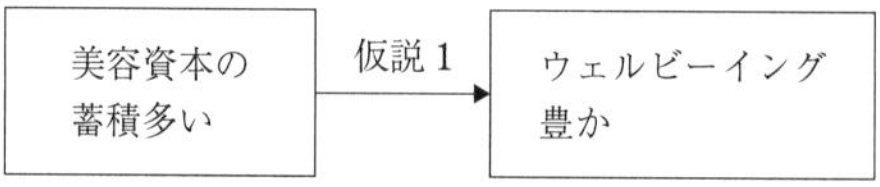

図1　仮説
注）矢印は因果関係を表す。

ば、身体より心理のほうがより敏感に反応することだろう。そうだとすれば、つぎの仮説が立てられる。

仮説2（容姿レベルの効果の違い）　身体より心理のほうが容姿の影響により敏感に反応するため、健康への美容資本の効果より、幸福感、階層帰属意識への効果のほうが、強いだろう。

2　方法

2・1　2018年社会階層とライフコース全国調査、2018年嗜好品と豊かさや幸福に関する調査——データ

データとして、2018年社会階層とライフコース全国調査（A票）と、2018年嗜好品と豊かさや幸福に関する調査（B票）を合併して用いる。ランダムサンプリングに基づく訪問面接調査（一部留置可）であり、日本全国の20～79歳個人が対象だった（調査の概要は序章参照）。

この章では、回答者のうち分析する主な変数に回答した2199人を対象とする（これは1、4、5章と同じ対象者）。ただし、個人年収、世帯年収、等価所得では欠損（無回答）があったため、これより少なかった。また、健康、階層帰属意識は、A票

でのみ質問したため、標本サイズが小さい。2199人の構成は1章参照。

2・2 ウェルビーイングを測定する——従属変数

従属変数のうち、まず幸福感はつぎの質問で測定した。

質問1（幸福感）「とても幸せ」が10、「中間」が5、「とても不幸」が0としたら、以下のことはどれくらい「幸せ」だと思いますか。あてはまるものを、それぞれ1つお選びください。（○はそれぞれ1つ）
（項目）現在のあなた、現在の日本社会
（選択肢）0とても不幸、1、…、5中間、…、10とても幸せ

このように、0とても不幸から10とても幸せまで11段階で、質問した。このうち、「現在のあなた」についてを、幸福感として分析する。他に、「とても満足が10、中間が5、とても不満が0としたら、以下について、あなた自身は、どれくらい満足していますか（○はそれぞれ1つ）」として、「生活全般」について、0とても不満から10とても満足まで11段階で質問した。これを「生活満足度」とよぶ。

健康については、つぎのように質問した。

質問2（健康度、ストレス度）「健康状態が良い」「ストレスがない」が10、「中間」が5、「健康状態が悪い」「ストレスがある」が0としたら、現在のあなたの「健康状態」や「ストレス」は、どれくらい

ですか。（○はそれぞれ1つ）
（項目）健康状態、ストレス
（健康状態の選択肢）0悪い、1、…、5中間、…、10良い
（ストレスの選択肢）0ある、1、…、5中間、…、10ない

このうち、健康状態への回答をここでは「健康度」とよぼう。ストレスへの回答は「ストレス度」とよぶ。

階層帰属意識はどうか。つぎの質問で測定した。

質問3（5段階階層帰属意識） かりに現在の日本の社会全体を、以下の5つの層にわけるとすれば、あなた自身はどれに入ると思いますか。（○は1つ）
（選択肢）1下、2中の下、3中の中、4中の上、5上

このように、値に意味をもたせて、下（げ）から上（じょう）まで5段階で測定した。これとは別に、0下から10上まで11段階でも測定したので、それぞれ「5段階階層帰属意識」「11段階階層帰属意識」とよんで区別する。11段階のほうが細かいが、5段階のほうがそれぞれの値に「下流」や「中の中」といった意味があるので、こちらを中心に分析する。

3　分析結果

3・1　ウェルビーイングの回答結果――分布

この章における主な変数の記述統計は表1、従属変数の分布が図2となった。幸福感、健康度、5段階階層帰属意識についてである。

このように、幸福感の分布には二山あり、5中間と8でピークとなった。平均は5中間より高い6・97だった。生活満足度の平均は、6・75だった。

健康度の分布でも、5中間と8で2つのピークがあった。平均は6・60であった。ストレス度の平均は、5・64だった。

5段階階層帰属意識の分布は、3中間をピークに、左右対称となっていた。平均が2・99なので、ちょうど3中間周辺であった。11段階階層帰属意識の平均は、5・26だった。

3・2　容姿レベルのグループ別でウェルビーイングは異なるのか――比較

仮説1が正しければ、容姿レベルのグループ別にみると、ウェルビーイングが異なるはずである。図3が、グループ別の幸福感、健康度、5段階階層帰属意識の平均を報告する。容姿レベルのグループ分けは四分位による。仮説どおりなら、右肩上がりとなるはずだ。

このように、容姿レベルが上がると、幸福感、健康度、5段階階層帰属意識のどれもが、ほぼ下がる

表1　主な変数の記述統計

	従属変数			独立変数
	幸福感	健康度	5段階階層帰属意識	容姿レベル
N	2199	1089	1090	2199
平均値	6.97	6.60	2.99	5.30
中央値	7	7	3	5
最頻値	5	5	3	5
標準偏差	2.03	2.38	0.76	1.37
最小値	0	0	1	1
最大値	10	10	5	10
男性平均	6.85	6.64	2.96	5.19
女性平均	7.07	6.56	3.02	5.41
男女平均の差	*	n.s.	n.s.	***

注）データは2018年社会階層とライフコース全国調査、2018年嗜好品と豊かさや幸福に関する調査の合併。健康度と5段階階層帰属意識はA票のみのため標本サイズが小さい。***は分散分析で有意確率0.1パーセント未満、**1パーセント未満、*5パーセント未満、†10パーセント未満、n.s.それ以上。

ことなく上昇した。つまり、容姿レベルが高い人ほど、幸せで、健康であり、階層帰属意識が高かった。これらはどれも、分散分析で有意な差であり、仮説と適合的であった。

たとえば、容姿レベルがもっとも低いグループ（第1四分位）では、平均幸福感が6・55なのが、もっとも高いグループ（第4四分位）では7・49へと0・94上昇する。健康度は6・19から7・27へと、1・08上がる。階層帰属意識は、2・82から3・16へと0・34上昇し、中より低かったのが中より上へと高まった。他に生活満足度と11段階階層帰属意識は有意に上昇したが、ストレス度ではとくに関連がなかった。

3・3　回帰分析で要因をつきとめる——多変量解析

ウェルビーイングに容姿レベルの違いがどう影響するのかを特定するするため、幸福感、健康度、

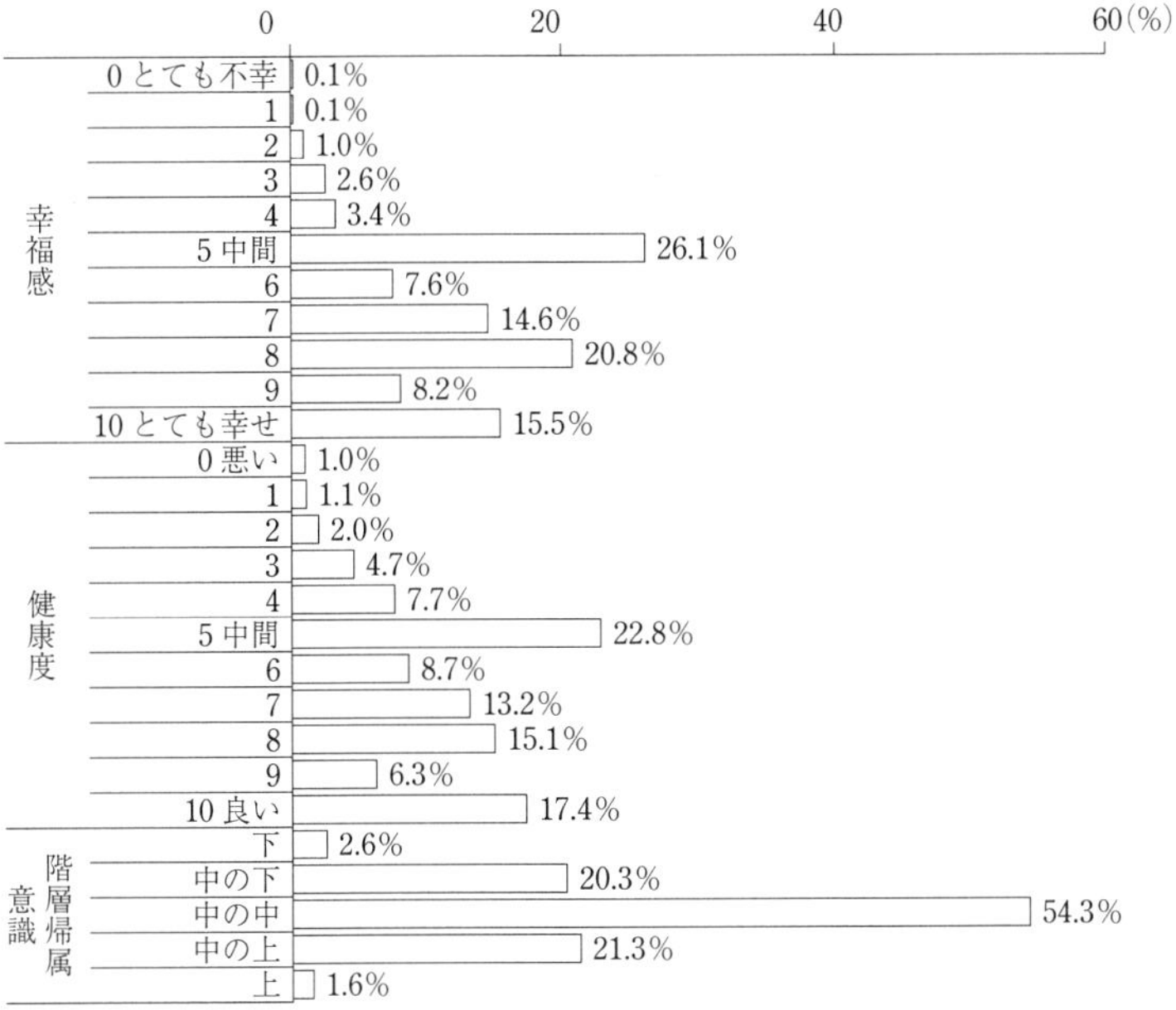

図2　幸福感、健康度、階層帰属意識の分布

注）それぞれN=2199、1089、1090。容姿レベルの分布は1章。カイ二乗検定の結果、男女のあいだでどの分布も異ならなかった。

5段階階層帰属意識を従属変数とする回帰分析をおこなった。仮説にしたがい、独立変数は容姿レベルであり、統制変数は属性（男女、年齢、婚姻状態）と社会経済的地位（教育、職業、収入）とする。

表2が結果を報告する。このように、他の影響を除くと、容姿レベルは幸福感、健康度、5段階階層帰属意識のすべてを有意に促進した。つまり、容姿がよいと、幸せで、健康で、さらに高い階層帰属意識をもった。他に、生活満足度、11段階の階層帰属意識も、容姿レベルによって上昇した。ただし、ストレス度には効果がなかった。

男女別にしても、容姿レベルの効果に変化はなかった。

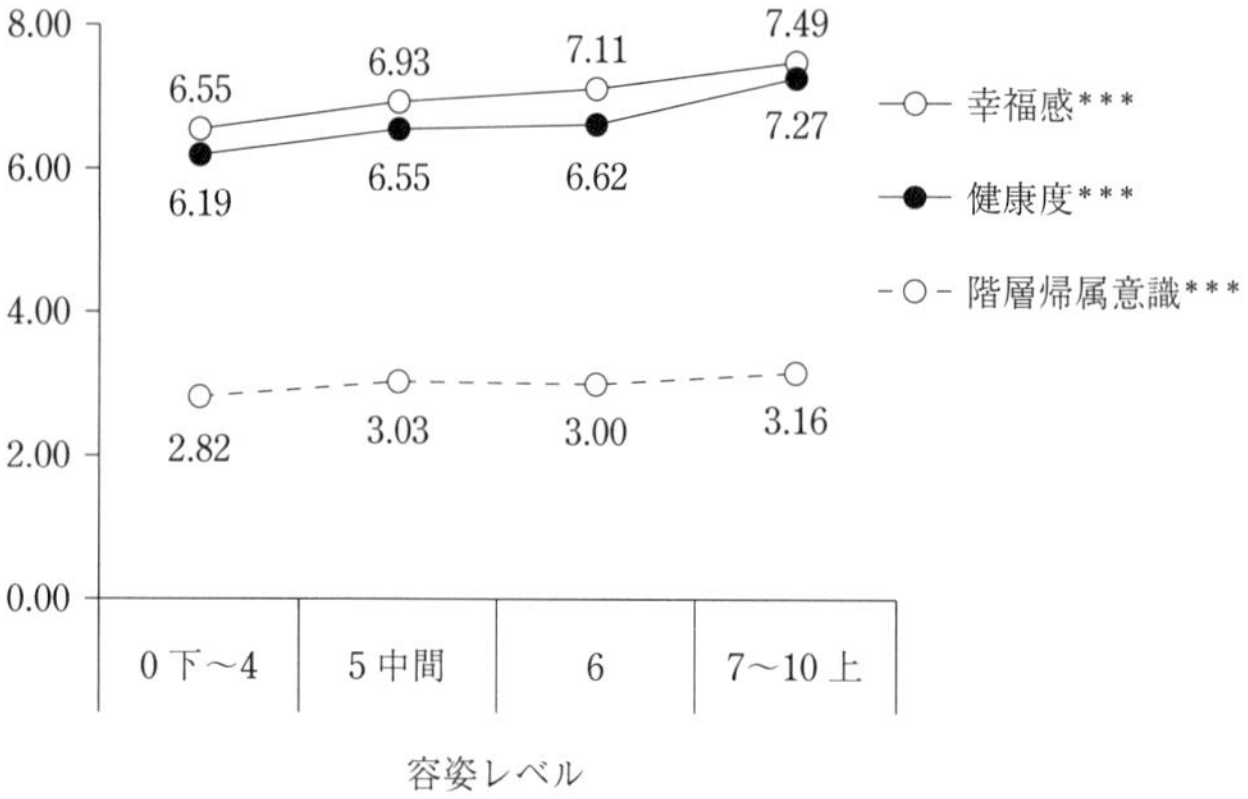

図3　容姿レベル別の平均ウェルビーイング

注）幸福感 N=2199、健康度 1089、階層帰属意識 1090。容姿レベルのグループ分けは四分位による。幸福感、健康度の理論的範囲は 0 ～ 10、階層帰属意識は 1 ～ 5。他に生活満足度と 11 段階階層帰属意識では有意に異なったが、ストレス度では差がなかった。男女別にすると、女性で健康度との関連がなくなった。***は分散分析で有意確率 0.1 パーセント未満、**1 パーセント未満、*5 パーセント未満、†10 パーセント未満、n.s. それ以上。

なお、容姿レベルの（有意な）非標準化係数から、11段階の容姿レベルが1つ上がることで、（他の影響を調整したうえで）従属変数それぞれが平均するとどれだけ増えるのかが、計算できる。それによると、1ランク容姿レベルがよくなると、幸福感が0・150、健康度が0・207、階層帰属意識が0・062だけ上昇する。

これらの結果から、仮説1「美容資本の蓄積が多く、容姿レベルが高い人ほど、ライフチャンスが拡がるため、ウェルビーイングが豊かで、高い幸福感、健康、階層帰属意識を得るだろう」は、支持された。したがって、容姿レベルによっていわば「ウェルビーイング格差」があることがわかった。

仮説2「身体より心理のほうが容姿の影響により敏感に反応するため、健康への美容資本の効果より、幸福感、階層帰属意識への効

表2　ウェルビーイングを従属変数とした回帰分析結果（検定結果のみ）

	従属変数		
	幸福感	健康度	階層帰属意識
統制変数			
男性ダミー	*（負）	n.s.	†
年齢	***（負）	n.s.	***
既婚ダミー	***	n.s.	n.s.
離死別ダミー	†	n.s.	n.s.
教育年数	n.s.	n.s.	***
正規雇用	*（負）	n.s.	n.s.
非正規雇用	***（負）	n.s.	**（負）
自営業	n.s.	n.s.	n.s.
等価所得	***	n.s.	***
独立変数			
容姿レベル	***	***	***
決定係数	0.099	0.033	0.168
N	1951	956	956

注）有意な効果は（負とある以外）すべて正。従属変数を生活満足度、11段階の階層帰属意識とした回帰分析でも、容姿レベルの有意な正の効果があった。ただし、ストレス度には効果なかった。男女別にしても、（独立変数のうち）容姿レベルの効果に変化なかった。容姿レベルの（有意な）非標準化係数は、従属変数が幸福感のとき0.150、健康度0.207、階層帰属意識0.062。***は回帰係数の有意確率0.1パーセント未満、**1パーセント未満、*5パーセント未満、†10パーセント未満、n.s.それ以上。

果のほうが、強いだろう」は、どうだろうか。これは支持されなかった。健康度も、幸福感や階層帰属意識と同じように容姿レベルによって促進されていた。

4　まとめ

4・1　ウェルビーイング格差の存在——リサーチクエスチョンへの回答

図4が、分析結果を要約している。

以上から、リサーチクエスチョン「美容資本が多く、容姿レベルが高い人ほど、ウェルビーイングから多くの回収ができ、その結果ウェルビーイング格差が生まれて、幸福感、健康、階層帰属意識で恵まれている

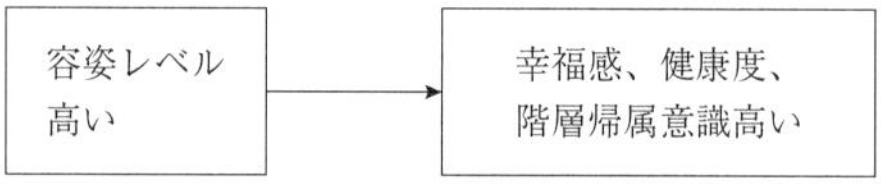

図4　分析結果の要約

注）回帰分析結果より。矢印は因果関係を表す。

のか」に、つぎのように回答できる。

リサーチクエスチョンへの回答　平均の比較から、容姿レベルが高い人ほど、幸せで、健康であり、階層帰属意識が高かった。回帰分析からも、同じ結果だった。このように、容姿レベルが高い人ほどウェルビーイングが豊かだったので、美容格差によって人びとのあいだにいわば「ウェルビーイング格差」が存在した。

この章では、健康度と階層帰属意識への容姿レベルの影響が、はじめて明らかになった。

4・2　わたしは「幸福の顔」を作ってあげるエステティシャンなの——メディアでの描かれ方

メディアのなかで、美容格差によるウェルビーイング格差は、どのように描かれているのだろうか。図5は、マンガ『ジョジョの奇妙な冒険』第4部ダイヤモンドは砕けないで、山岸由花子がエステサロン「シンデレラ」で、施術の説明を受けているところである。

施術リストに「愛と出会うメイク」「芸能人と結婚するメイク」などとあるのをみて、山岸がいぶかる。すると、エステティシャンである辻彩が、「わたしの店は美し

図5　わたしは「幸福の顔」を作ってあげるエステティシャンなの

注）出典：荒木飛呂彦、1994、「山岸由花子はシンデレラに憧れる　その1」『ジョジョの奇妙な冒険』37巻、集英社、138ページ。「わたしは『幸福の顔』を作ってあげるエステティシャンなの」は、エステティシャンである辻のセリフ。©LUCKY LAND COMMUNICATIONS／集英社

い顔やスリムなボディを作るためのエステとはちょっと違ってるの」と回答し、「いくら絶世の美女でも幸せとは限りませんもの、そうでしょう?」とたたみかける。

では、どのような施術をするのか。「わたしは『幸福の顔』を作ってあげるエステティシャンなの」――辻はこう答える。

どういうことか。じつは辻は、「スタンド」という背後霊のようなものをもっており、それが特殊な能力を発揮する。辻のスタンドは「シンデレラ」といい、客の顔や体の一部を入れ換えることで、運勢を変えることができる。辻によれば、「シンデレラは肉体のイメージを変換するスタンド」であ

る。辻は「子供のときからシンデレラに出てくる魔法使いにあこがれて（中略）あの魔法使いのように人に幸せを与えて生きたいの」という。はたして山岸は、施術を受けた結果、意中の男性と急接近する。

このように、山岸は「幸福な顔」を手に入れることで、恋愛がかない、幸せな気持ちに浸ることができた。つまり、容姿の変化によって、山岸のウェルビーイングが豊かになったといえる。

ここで重要なのは、顔が変わることで、幸せになれると描かれていることである。それでは、容姿が変われば、人生バラ色なのだろうか。そうではないだろう。辻はシンデレラの童話からの教訓として、「スバラしい出来事にはそれなりの心がけが必要って教訓よね」と説く。そのうえで、運勢を固定するために特殊な口紅を30分ごとに塗ることを求める。ところが、山岸は気分の昂揚にまかせて約束を守れず、運勢だけでなく、容姿まで失ってしまう。

このストーリーは、幸せになるには容姿だけでは不十分で、それを支える努力や心がけが不可欠であることを、示唆する。つまり、よい見た目は、運勢を引き寄せるのに役立つこともあろう。しかし、より大切なのは、その状態を維持しつづける心がけなのかもしれない。

4・3　美容資本はウェルビーイングを促進する――理論上の意味

容姿レベルは、人びとを幸せで健康にし、高い階層にいると思わせて、ウェルビーイングを豊かにする。このことは、美容資本への投資が、美容資本の蓄積をとおして、ウェルビーイングにおいて回収されることを意味する。

したがって、これはこの本全体の仮説1（序章）のうち「美容資本に投資する人ほど、美容資本が維持・増殖され蓄積されるため、多くの成果が得られてウェルビーイングが向上するだろう」を、支持するエビデンスとなる。美しさは、たしかに幸福感、健康、階層帰属意識を上昇させた。

第2部　美容のインタビュー分析

第7章　美容整形はビジネスですから
——キャバクラ嬢へのインタビュー

7～9章は美容関係者へのインタビュー調査をもとに、美容の因果関係を分析する。この章では、キャバクラ嬢へのインタビューを紹介する。キャバクラ嬢には、職業として美しさが要求されるため、美容資本の役割が先鋭的に現れ、先端事例となるかもしれない。では、キャバクラ嬢という職業に、特有の美容活動があるのか——この章でこの問題を検討する。分析の結果、美容整形がキャバクラ嬢に特有といえ、職業によって美容活動に偏りがある——このことが、この章で明らかになる。

1　リサーチクエスチョン

1・1　キャバクラ嬢にとっての美容活動——リサーチクエスチョン

キャバクラ嬢は、どのような美容活動をしているのだろうか。職業として若さとともに容姿のよさが要求されるキャバクラ嬢にとって、美容とはどのような意味があるのだろうか。どのような見た目を、目指しているのだろうか。その背後には、特有の美容意識があるのか。多くの人の美容活動とは異なるのだろうか、それともあまり違いがないのだろうか。その結果、職業によって美容活動が異なるのだろうか。そもそも、美容活動を投資と捉えているのか。そうだとしたら、投資することでほんとうに美しくなり、その結果仕事や幸福感などで元が取れるのだろうか。

この章では、こうしたキャバクラ嬢にとっての美容活動を、美容資本への「投資」と「回収」という視点で検討する。キャバクラ嬢には職業として、一定の容姿が期待される。そのために、素朴に考えてみよう。キャバクラ嬢は、美しさ（美容資本）に積極的に投資する必要がありそうに思える。もしそうだとすれば、多くの時間や金銭や労力を投資して、美容資本を蓄積して容姿レベルを維持・増殖させることだろう。しかし、その保証はない。もしかしたら、他の人ととくにおおきな違いがないのかもしれない。そこで、以下のリサーチクエスチョンにアタックする。

リサーチクエスチョン（キャバクラ嬢に特有の美容活動）　キャバクラ嬢には職業として容姿のよさが要求されるため、キャバクラ嬢という職業に特有の美容活動があるのか。キャバクラ嬢は、美容活動を投資とみなしているのか。美容資本への投資は、回収できるのか。

北条によれば、キャバクラ嬢としての自分の経験を踏まえ、キャバクラ嬢のメイクと髪形は女らしさを過剰に強調している。いわば、「女のコスプレ」をしているようだという（北条 2014：91）。筆者は、キャバクラ嬢へのインタビューによって、彼女らが仕事からなにを得るのかを分析したことがある（小林 2019）。ただし、ふだんの美容活動や、美容への意識については、解明されていない。

1・2　特有の美容活動があるのか――仮説

キャバクラ嬢には、見た目のよさが仕事として必要とされる。なるほど、営業、受付業務、飲食店の配膳など販売・サービス職ではいっぱんに、客と対面してコミュニケーションをとるため、容姿が仕事に影響を与えうる。キャバクラ嬢の場合、とくにこの部分が先鋭的に現れ、極端な事例としてかえって典型例となるかもしれない。そこで、つぎの仮説を立てられる。

仮説1（職業による偏り）　キャバクラ嬢には、職業として美しさが求められるため、キャバクラ嬢という職業に特有の美容活動があるだろう。また、美容活動を投資と認識としているだろう。

つぎに、キャバクラ嬢なら、売り上げという形で、美容資本への投資の効果が測れる。そのため、投資にたいする回収の割合を「利益率」として計算できる。もし投資が成功していれば、利益率は1以上で、投資した分以上に回収できたことになる。投資が多いキャバクラ嬢ほど、美容資本が蓄積され活用できるので、多くの売り上げを得て投資を回収できるはずである。売り上げは社会経済的地位のうち収入に該当するが、他に家族形成やウェルビーイングが向上する可能性もあろう。そこで、つぎの仮説が立てられる（図1）。

仮説2（高い容姿レベルと回収レベル）　美容資本に多く投資をする（投資レベルが高い）キャバクラ嬢ほど、多くの美容資本が蓄積される（容姿レベルが高い）だろう。その結果、そうした人ほど、美容資本

図１　仮説
注）矢印は因果関係を表す。

を活用できるため、売り上げが向上する（回収レベルが高い）だろう。他に、家族形成やウェルビーイングも向上するだろう。

２　方法

２・１　美容についてのインタビュー調査——データ

データとして、美容についてのインタビュー調査を用いる。これは調査票を用いた半構造化インタビューである。そのうち、この章では現役のキャバクラ嬢１名を事例とする（調査の概要は序章参照）。

インタビューは２０１８年８月と２０１９年７月に、東京のカフェでおこなわれた。２０１９年７月には、筆者のゼミ学生（20歳代女性）も、卒業論文研究のため同席した。対象者は、このゼミ学生の高校の先輩である。ここではおもに、２０１９年７月のインタビューを紹介する。

対象者は愛咲希（あいざき・のぞみ）氏といい、20歳代女性で現役のキャバクラ嬢である（氏名は職場での通称）。関東地方出身で、大学を中退した。現在は恋人と、都内で同棲している。子はいない。趣味は、海外旅行、買い物、ゲームである。

キャバクラ嬢としては、大学在学中から、新宿歌舞伎町で働いてきた。現在は週に５〜６日勤務し、勤務時間はだいたい夜10時から深夜１時までである。これまで５年

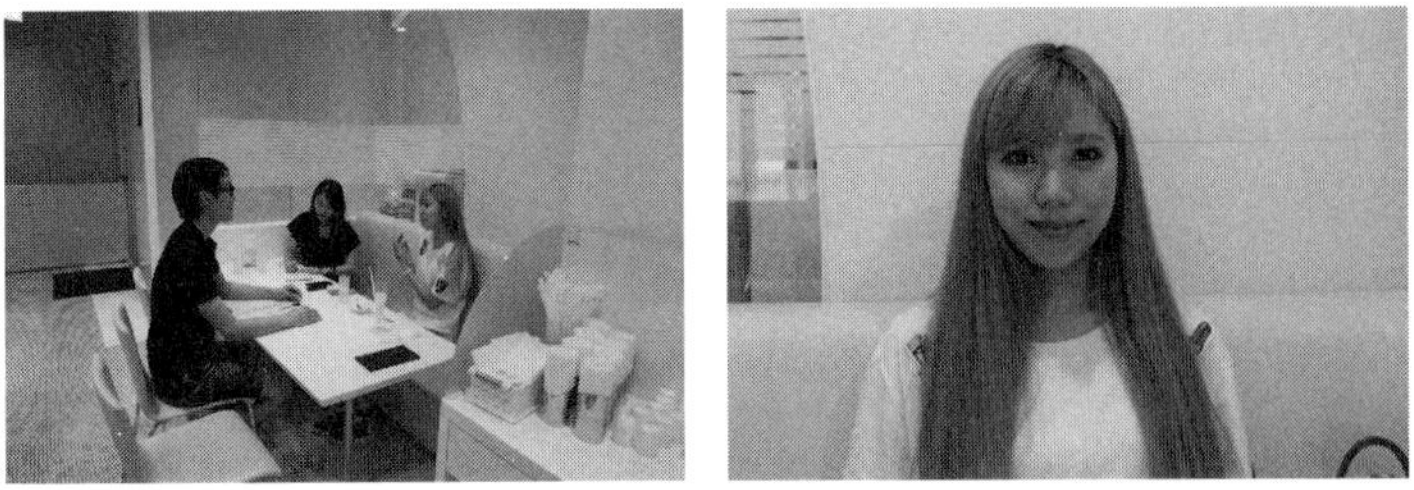

図2　インタビューの様子（左）、インタビュー対象者（右）

注）2019年7月。左写真のうち左が筆者、中央が筆者のゼミの学生、右がインタビュー対象者。許可を得て掲載。

間ほど同じ店で勤務し、月収は変動があるものの、およそ１００～２５０万円である。図2が、インタビューの様子と、対象者を紹介している。

本人の美容活動については、髪とメイクはヘアメイクの人にやってもらい、一日30分ほどである。支出は、化粧品、服、靴、鞄など含めてワンシーズン80万円ほどであった。

2・2　美容活動の目的、効果、一言でいうと――質問

インタビューでは、属性、職歴に加え、美容について以下を質問し、自由に語ってもらった。これらは、すべてのインタビュー対象者に共通して質問された。

質問1（美容活動の目的）　美容活動の目的はなにか。特定の個人が目標か、自分らしさか、若さか。「もっとしたい」という心理はあるのか。目指すべきは共通のモデルなのか、その人らしさか。

質問2（美容活動の効果）　美容活動の効果は、どれくらいあるのか。容姿レベルがかりに1悪い～5よいとしたら、どれくらいからどれく

らいへと上昇するのか。自信、恋愛・結婚、仕事、幸せへつながるのか。

質問3（投資の認識） 美容活動を、投資として認識しているのか。

質問4（本人の美容活動） 本人はどのような美容活動をしているか。美容活動に、月いくらくらい支出し、一日に何分くらいかけているのか。美容にかんして、なにかこだわりはあるか。

質問5（美容アドバイス） 男性、女性それぞれに、美容についてどのようなアドバイスがあるか。

質問6（見た目の割合） 人は見た目が何パーセントくらいだと思うか。残りのパーセントはなにか。

質問7（一言でいうと） 美容とは、一言でいうとどのようなものか。他に、家族、結婚、恋愛、仕事、幸福はどうか。

さらに、この対象者固有の質問として、仮説にしたがって「キャバクラ嬢ならではの美容活動があるのか」や「美容に投資したことで、売り上げに変化があったか」などを聞いた。

質問1と2では、「美容活動への投資」という筆者の理論枠組みを伝えず、質問3ではじめて紹介した。以下のトランスクリプトでは、できるだけ本人の語りを尊重し、時系列で記述している。ただし、趣旨が変わらない範囲で、読みやすくなるよう修正したり、発言の順序を入れ換えたりした部分がある。

3　分析結果

3・1　基本野菜しかとらないようにしてます――ふだんの美容活動

筆者：（前回インタビューから1年経ったので）この1年で、なにか変わったことってありますか？
愛咲氏：まず、顔の脂肪吸引をやって、あと頬の肉を内側から減らすっていうのをやったかな。あとボトックス。
筆者：それでちょっと印象が変ったのかな。パッとみた印象が変わった感じがします。その前も、ありましたよね。
愛咲氏：目の二重幅の全切開、目じり切開、下まぶたを切除して垂れ目にするっていうのをしています。
ゼミ学生：前に高3で会ったときに、もう二重にしたから、めっちゃメイク時間短くなったっていってましたね。
愛咲氏：あと顎に2回くらい入れ直してます、固形物。ぜんぶ美容外科ですね。
筆者：（中略）じゃあ、ふだん日焼け止めは塗ります？
愛咲氏：塗らないです。夜しか出歩いてないから、太陽にあたることもないんですよね。
筆者：食べ物には、なにか意識していますか？

愛咲氏：筋トレと、食べるものはもうぜったいに気をつけてます。

筆者：かなり気をつけてるんですね。

愛咲氏：今それこそタピオカとか流行ってますけど、信じられなくて。1個なんキロカロリーなの？って思っちゃって。炭水化物もとらないようにしてるんで、基本野菜ですね、野菜しかとらないようにしてます。あとはお肉、お魚。炭水化物と甘いものとかは、できるだけ避けてます。

筆者：太っちゃったこととかあります？

愛咲氏：あります、あります。一時期、50キロ超えちゃったこともあった。バースデー月間とかもう毎日のようにすさまじい量飲んで、記憶ないまま食べちゃうんですよ。ラーメンとか、パスタとか茹でて。しょっちゅうそういうのやっちゃうんで。酔うともう自己制御きかない。泥酔してるから。それはしゃあなしで、その分売り上げてるからいいか、っと思って。バースデー月間が終わってちょっと落ち着いてきてから、一気にファスティングを始める感じです（笑）。

3・2　自分に近いパーツを探して——美容活動の目標

筆者：自分の美容を考えるときに、目標ってあるんでしょうか？

愛咲氏：外国人って歯もきれいだし、骨格が日本人と違うじゃないですか。だから、現実離れしたくらいのかわいさがほしいなと思います。理想の顔を入れてるボックスがスマホにあるんですよ。

筆者：集めてる。

愛咲氏：どういう顔にしようとかいうのを、集めといて、整形するときこういう鼻にしてください、とか。いっぱい集めて、ボックスに入れて、美容外科行って、見せて。

筆者：それってわりとみんなやって？

愛咲氏：周りはやってますね。

筆者：だから、結果的にキャバクラ嬢ってみんな、だいたい似たような感じになっちゃうんでしょうね。

愛咲氏：ホントにそうです。みんなおんなじような感じの顔（笑）。（中略）あ、パーツで見ちゃいますね。この顔になりたいっていっても、なれないんで。自分に近いパーツを探して、そのパーツだったらこの顔に近づけるとか。たとえば、この子かわいいと思っても、この子の目がかわいい、鼻がかわいいとかでそれぞれ違う人をモデルにしてるんで、だから色んな人のごっちゃまぜで顔を作るみたいな。

筆者：（中略）キャバ嬢って美意識高いと思うんですよね、みなさん。どんなことをやってるとか？

愛咲氏：みんなやっぱ整形ですね。全身脱毛はぜったいですし。整形もぜったいしてて、歯もだいたいみんなセラミックだったり。だいたいのことはみんなやってますね。

筆者：みなさん、どこからそういう情報を？

愛咲氏：周りがどこのクリニック行ったとか、口コミが飛び交うから。当事者に聞くのが一番じゃないですか。鼻やったなら、そこのクリニックどうだ、みたいな。そういうのはお店に女の子が50人いるとすると、50人みんな整形してるみたいなもんだから。だれかしらに聞いて、「あの子がいってたけど、あそこはどうなんだろう」とか。「あの有名な女の子はどこどこでやって、鼻があいう感じになったけど、あれ微妙じゃない？　じゃああそこ止めとくか」とか。
ゼミ学生：ファッション、ファッション。
愛咲氏：そう、ファッションだよもう。

3・3　整形はもうビジネスで、売り上げへの投資ですね——美容活動の目的

筆者：では、愛咲さんが整形するのは、どうしてなんでしょう？
愛咲氏：水商売と普通の人の美容の考え方って、違うじゃないですか。私も水商売なんてやってなかったら、美容なんかやりたくないし、整形もしたくないし、ホントになにもしたくないタイプなんです。整形は、もうビジネスですから。投資、そう投資です。顔にお金かけたら一生残って一生コンプレックスなく過ごせる。投資したら、かわいくなるからその分お金が返ってくる。
筆者：それはなにへの投資？
愛咲氏：売り上げへの投資です、自分の。ホントに売り上げが変わるんで。新規顧客がつかみやすくなる。
筆者：きれいになるからですね。
愛咲氏：そうですね。友達に会ったときにそんなに変わってないとしても、目がたとえば1、2ミリ下がっただけで印象って変わるんですよ、初対面の人の。顔がちょっとちっちゃくなっただけで、印象が変わる。それだけで、お店であった男性に「かわいいね、きれいだね」っていわれる回数が、打率でいったらかなり上がる。

筆者：若くありたい、若く見られたい、みたいなのはまだないでしょうね。
愛咲氏：まだないですね（笑）。
筆者：そうですよね。いずれはどうですかね？
愛咲氏：キャバクラ嬢を引退したら、もうどうでもよくなるかなっと思います。永遠にかわいさ、きれいさにしがみつくタイプでもなさそうだな、って思いますね。今ホント、ビジネスでこの格好でいるだけなので。

3・4　５００万円かけて、ようやく1～2ランク上がる――容姿レベルの変化

筆者：整形することで、きれいさが下がるってことはないと思うんですよね。1がルックスいちばん下で、2、3、4、5点くらいまであったとしたら、どれくらいの人がどれくらいになるかなと思います？
愛咲氏：ぶっちゃけ、1か所整形でいじっただけでは０・5点くらいしか上がらないと思います。５００万円くらいかけて、ようやく1～2ランク上がるくらいじゃないですかね。たとえば1点の人が2か3点になるでしょうね、５００万円で。結局、骨とかいじらないとなにも変わらないんですよ。ちょっと眉いじりました、ちょっと鼻かわいくしました、くらいじゃ気づかない。1千万くらいかけないと、顔って変わらない気がします（笑）。
筆者：１０００万かけたら、1点の人はどれくらいになるんでしょうか？
愛咲氏：4、5点くらいになると思います。

筆者：愛咲さんはどれくらい、これまで美容整形にかけました？

愛咲氏：２５０か３００（万円）くらいですね。

筆者：自分としては5段階で、何ランクくらい上がったと思います？

愛咲氏：ホントになにもやってないときから比べたら、2ランクかな。まだ伸びしろあるな、って感じです（笑）。

筆者：やればやるほど、「もっと、もっとやりたくなる」なんて話も聞くんですけど。

愛咲氏：たしかにやりたくなるけど、結局のところ膨大な資金がかかるから、それが追いつかないんですよ、気持ちに。あと、1回やったらわかる（身体的な）辛さがあるから。

筆者：愛咲さんはもうちょっとやりたい。

愛咲氏：私はやりたいと思うけど、でもある程度でいいですね。

筆者：骨まではやらない。

愛咲氏：骨まではやらないですね。

3・5　整形したことが一番幸福度が上がった——美容活動の効果

筆者：美容整形やってみたことで、なにか変わったことってあります？　自分のなかで。

愛咲氏：すっぴんで歩けるようになりました。

筆者：他にもありそうですね。

愛咲氏：気持ちが楽になります。たとえば人と話すときに、「あ、ブスって思われてるかな」とか

「私としゃべりたくないかな」とか、彼のお友達にあったときに、「あ、彼ブスな彼女連れてるとか思われてないかな」とか、いろいろ考えちゃったけど。今はもっと堂々といれるようになった。

筆者：仕事で良かったな、変わったなってこともあるかと思います。

愛咲氏：結果が数字として出てくる仕事なんで、確実に数字は上がりましたね。今まで努力して上げてた売り上げの数字っていうのが、なにもしなくてもできた。あと、新規顧客も増えますね。

筆者：具体的にはたとえば月でいうと、いくらくらい上がったみたいなことってわかります？

愛咲氏：アベレージで50から１００（万円）は上がってますね、以前に比べて。こうなると、整形代もすぐ回収できちゃうんで、一番良い投資先かなって思ってますね。

筆者：２、３か月で回収ですよね。それはひじょうに効率良い（笑）。自信に結びついたみたいなこともあるのではと思います。

愛咲氏：めちゃめちゃありますね。今まで生きてきたなかで、整形したことが一番幸福度が上がった。だって、みんなかわいい芸能人とかになりたいじゃん！　だれか憧れの人いない？

ゼミ学生：沢尻エリカ！

愛咲氏：沢尻エリカになりたいと思っててさ、朝起きてさ、その顔だったら、幸福度ぶち上がるじゃん。それは無理だけど、そこにちょっとずつなってってたら、やっぱり楽しいし、嬉しい。

筆者：理想に近づいてるっていう感覚でしょうね。

愛咲氏：自分の顔が違くなってるって、すごい嬉しい。

3・6　周りから「お金ちゃん」ってよばれてる――自分の美容意識

筆者：愛咲さんは、プロとしてすごく努力されてるなって思います。

愛咲氏：ホントですか、嬉しい。美容院でも、金髪なんてしたくないんですよ。私的にはもう黒髪でいい。でも、こうしたほうがうけが良いんで。客はやっぱり20、30代の若い男性、イケイケ系のエクザイルみたいな男性たちが多い。金もってるエクザイル。そこに好かれていくには必要。やっぱ金髪のギャルが好きなんで、彼らは。自己プロデュースの行く末で、今こういう感じなんです。

筆者：美容に投資してそこから回収するっていうイメージで、美容を捉えられないかと考えてるんです。いかがでしょうか。

愛咲氏：私はもうビジネスとして考えちゃうんで。ホント、ビジネスの一環で塗り固めてるだけなんで。

筆者：周りの人はどうでしょうか？　投資みたいな感覚っていうのはあるんでしょうか？

愛咲氏：周りのキャバ嬢は、でも、ここまで考えてる子はあんまりいなくて。周りでミーハーな子は、かわいい化粧品とか、最近出たのとか使ってる。けど、たとえば美容の本を読んでます、みたいな同い年くらいの女の子たち、その層よりも、意外とキャバ嬢ってそういうの考えてない。ずぼらな子が多い。

筆者：その人たちの感覚として、投資なんだっていうのはあんまりなさそうですね。

愛咲氏：そこまで打算的なのは、たぶん私くらいじゃないですか？（笑）すぐ計算しちゃいますね、お金に換算していくら、みたいな。

筆者：それは昔からですか？

愛咲氏：キャバクラ始めてからですね。いまは周りから「お金ちゃん」ってよばれてる（笑）。

3・7　男性の整形も賛成派なんで——美容についてのアドバイス

筆者：美容について男性、女性、それぞれアドバイス頂けたらな、と思うんですね。こうするといいですよとか、おすすめ、アドバイス。

愛咲氏：男性はとりあえず清潔感、ぜったいほしいんで。とくに歯は気にしてほしいよね。歯にお金かけてほしいです。

ゼミ学生：白くするとかですね。

愛咲氏：たばこ吸いすぎて歯が黄色いとか。そういう人は、しっかりホワイトニングするなり、歯石除去行くなりとかしてほしい。

筆者：あとはどうでしょうか。

愛咲氏：できるとこはやってほしいですね。たとえば、まゆ毛を整える。それくらいはできると思う。たまに、すごいイケイケだけどちょっと残念みたいなのあるじゃん。「イケイケになりたいんなら、別にあなたも気になるとこ、整形やっちゃえば？」って思っちゃう。私、ぜんぜん、男性の整形も賛成派なんで。クラブでシャンパンをバンバン開けてるのに、顔はあんまりイケてなかったら、とりあえずシャンパン3回分くらい我慢して、10から20万円貯めて、どっかやってみたら？　みたいな。モテるよそれだけで、って思っちゃう。歌舞伎町は、男性も整形するの、もう当たり前な感じなので。「ノー整形」にこだわることないよ、男の子、と思っちゃう。

筆者：それはもう男女平等で。

愛咲氏：うん、きっと男の子だって、モテたいじゃないですか？　モテたいなら、やってもいいのにな、みたいな。

筆者：女性へのアドバイスも欲しいところです。

愛咲氏：化粧品にお金かけないで、まずは（整形を）やるとこやっちゃったら、ホントに変わるから。肌がきれいなのも大事だけど。あと、髪の毛はきれいにしたほうがいい。けっこう歌舞伎町でいわれてるんですけど、「髪の毛が汚い子、きれいな子」っていうのだけで、品が変わるから。どんなに金髪でも、汚い金髪ときれいな金髪ってある。ツヤ感とか、きれいにしておいてほしいですね。髪の毛汚い子とかいるんですよ、たまに。

3・8　見た目が90パーセント、土台から整えてほしい――人は見た目が何パーセントか

筆者：よく人は見た目が何割とかって言い方しますよね。それでいうとどうですか、愛咲さんからみたら？

愛咲氏：私は90パーセントだと思います。

筆者：どうしてですか？

愛咲氏：見た目がよくないと中身を知ろうと思えない。そこまでたどり着かない。人のパッケージって見た目だから（笑）。

筆者：男性も女性も。

愛咲氏：そうですね。

筆者：残りの10パーセントはなんでしょうか？

愛咲氏：言葉遣いとか態度じゃないですかね。どんなによい見た目でも、ふんぞり返って、つんとしてたら、もう嫌なんで。やっぱ態度は1割くらい。それこそ水商売に限ったことじゃなくて、仕事するにあたって、たとえば営業でお客様、取引先とかに会うときに、まず身だしなみがなってないと取引できないなって思っちゃいます。

筆者：たしかにそうかもしれません。

愛咲氏：あと、土台から整えてほしいですね。みんなけっこう、目とか鼻からやりがちじゃないですか。そうじゃなくて、まず歯を整えて、輪郭を整えてから中をやんないと。日本人って、日本人の骨格があるから、そのパーツがある。なのに、日本人の骨格に、パーツだけ西洋人にしたら、そりゃおかしいんですよ、顔が。

ゼミ学生：だから、目だけ整形すると違和感が出ちゃうんだ。

愛咲氏：そうそうそう。だって、顔がズングリムックリなのに、目だけバチッとかだったら、おかしいから。西洋人っぽくしたいなら、土台してからにしてくれってこと。

ゼミ学生：だから変なんだ。

愛咲氏：いるよね、とりあえず（目の整形を）やればいいと思ってる人。

3・9　トータルで10倍返ってくる――美容とは一言でいうと

筆者：それではここから、いろいろなことについて、あなたにとってどのようなものでしょうか、と聞いていきます。思いついたことを一言でいってもらえればいいなと思います。二言でも三言でもいいです。まず家族というのは、あなたにとってどういう存在でしょうか？

愛咲氏：私にとって家族は、一番素でいられる仲です。

筆者：結婚っていうのはどういうイメージでしょうか？

愛咲氏：結婚はホントに利害関係の一致だと思います。一緒にいて楽とかよりも、個々おのおのが自立して生きていく。そこが一致しているものだと思う。

筆者：じゃあ恋愛はどうでしょうか？

愛咲氏：それも利害関係の一致だと思ってて。あんまり、キュンキュンとかは求めてないです（笑）。

筆者：仕事はいかかでしょうか？

愛咲氏：仕事は、キャバクラなんですけど、楽に稼げてなんぼな仕事なんで、一番楽なものだと思ってます。自分のなかでは。苦ではないです。

筆者：楽なんですね。

愛咲氏：一番楽に稼げるし、ホントに簡単に。お金って一番信頼できますね（笑）。

筆者：美容というのは、どうでしょうか？

愛咲氏：土台を一番大切にしてほしいので、私的には整形派です。美容といったらもう、整形って思ってます（笑）。

筆者：美容が投資っていう考え方もあるんですけど、どうでしょう？

愛咲氏：私はキャバクラをやってるんで、なおさら自分の顔に投資をして、かわいくなれば、その分お客様からかわいいと思ってくれる回数が増える。なので、その分として毎月売り上げいくらっていうのは増えますね、確実に。

筆者：実際、投資した分にたいして、返ってくる分っていうのは、多いんでしょうか？

愛咲氏：確実に多いです。

筆者：何倍とかですね。

愛咲氏：何倍どころじゃないですね。トータルで10倍くらいになって返ってくると思います。

筆者：10倍はすごい。さいごに、幸福っていうのはどういうものでしょうか？

愛咲氏：余裕があることじゃないですか。お金にかんしても、恋愛にかんしても、ドンと構えてて、自分が自立してればいい。

筆者：ありがとうございました。

4　まとめ

4・1　職業に特有の美容整形――仮説1の検証

このような語りから、仮説は検証されるだろうか。仮説1は「キャバクラ嬢には、職業として美しさが求められるため、キャバクラ嬢という職業に特有の美容活動があるだろう。また、美容活動を投資と認識としているだろう」だった。もしこれが正しければ、キャバクラ嬢には職業に特有の美容活動があるはずである。

この仮説は、支持されたといえるだろう。インタビュー対象者にとって、「水商売と普通の人の美容の考え方って、違う」ため、美容整形することは「もうビジネス」であると語られた。ぎゃくに、もしキャバクラ嬢でなかったなら、「私も水商売なんてやってなかったら、美容なんかやりたくないし、整形もしたくないし、ホントになにもしたくないタイプ」であった。つまり、キャバクラ嬢という職業に就いたからこそ、整形していた。

じっさい、対象者はキャバクラ嬢になって、これまで３００万円ほどかけて美容整形をおこなってきた。「やっぱり土台を一番大切に」しているため、「私的には整形派」であり、「美容といったら整形って思って」いると語られる。つまり、容姿を化粧や髪形で整えるよりは、顔の輪郭や配置を整形で整えることを、優先している。

他のキャバクラ嬢はどうなのだろうか。対象者によれば、「みんなやっぱ整形」をしていて、「全身脱毛はぜったい」で、「歯もだいたいみんなセラミック」にしている。割合でいうと、「お店に女の子が50人いるとすると、50人みんな整形してる」ほどであった。つまり、この事例では周囲のキャバクラ嬢もおなじように、程度の差はあれ、美容整形の経験があった。したがって、美容整形がキャバクラ嬢で珍しくなく、ハードルが低いため、キャバクラ嬢に特有の美容活動といえる。

では、美容活動は対象者にとって「投資」とみなされているのだろうか。整形は、「売り上げへの投資です」と語られた。したがって、対象者は美容整形を、明確に投資として認識していた。

4・2　投資の利益率は10倍——仮説2の検証

仮説2はどうか。仮説2は「美容資本に多くの投資をする（投資レベルが高い）キャバクラ嬢ほど、多くの美容資本が蓄積される（容姿レベルが高い）だろう。その結果、そうした人ほど、美容資本を活用できるため、売り上げが向上する（回収レベルが高い）だろう。他に、家族形成やウェルビーイングも向上するだろう」だった。仮説のとおりなら、美容整形するキャバクラ嬢ほど、美しくなり、その結果売り上げが増えるはずである。

この仮説も、支持されたといえる。美容整形によって、美しくなったのだろうか。対象者は「すっぴんで歩けるようになりました」と語り、容姿レベルが5段階のうち2点上がったという。したがって、投資によって容姿レベルが上昇していた。

売り上げへの効果は、どうか。対象者によれば、「自分の顔に投資をして、かわいくなれば、その分お客様からかわいいと思ってくれる回数が増える」。その結果「毎月いくらっていうのは増えますね、確実に」と語る。つまり、容姿レベルの上昇によって、キャバクラ嬢としての売り上げが確実に増加した。利益率について「投資した分にたいして、返ってくる分」はどれくらいか質問したところ、「トータルで10倍くらい」であった。したがって、この事例では売り上げが増え、美容資本への投資の利益率が10倍ほどであった。きわめて効率的に回収していたといえる。キャバクラ嬢には、美容整形への投資は手堅く元が取れるものなのである。

家族形成への効果はどうだろうか。「お店であった男性とかにかわいいね、きれいだね、っていわれる回数が打率でいったらかなり上がる」と語られた。つまり、キャバクラ店内における疑似恋愛の範囲内ではあるが、客から好意をもたれるチャンスが増えた。したがって、疑似という限定はあるが、恋愛関係が促進されたといえよう。

なお、同棲中の恋人がいるので、「彼氏からはなにか褒められたってことってありますか」と質問したところ、「あ、なんかちょっと痩せたように見えるんじゃない?みたいなかるくですね」とのことだった。美容整形について、とくに否定されることはなく、「かるく」褒められていた。

さいごに、ウェルビーイングへの効果はどうか。対象者が「今まで生きてきたなかで、整形したことが一番幸福度が上がった」と語られるとおり、幸福感を底上げしていた。理想の顔に近づいたなら、朝起きたとき、「やっぱり楽しいし、嬉しい」とも語っていた。したがって、ウェルビーイングのうちとくに幸福感が、美容整形によって促進された。

4・3　キャバクラ嬢特有の美容活動の存在――リサーチクエスチョンへの回答

図3が、分析結果を要約している。以上から、リサーチクエスチョン「キャバクラ嬢は、職業として容姿のよさが要求されるため、キャバクラ嬢という職業に特有の美容活動があるのか。キャバクラ嬢は、美容活動を投資とみなしているのか。美容資本への投資は回収できるのか」に、つぎのように回答できる。

リサーチクエスチョンへの回答　キャバクラ嬢には、職業として美しさが要求されるため、美容資本の

図 3　分析結果の要約

注）矢印は因果関係を表す。仮説の検証結果より。

役割が先鋭的に現れ、先端事例となりうる。あるキャバクラ嬢の語りの分析から、美容整形がキャバクラ嬢に特有の美容活動といえ、美容整形は美しさへの投資として認識されていた。美容整形の結果、容姿レベルが高まり、その結果として売り上げが増えたり、客からの好意を得たり、幸福感が増したりした。このように、職業によって美容活動に偏りがあり、メカニズムが異なりうることが示唆された。

4・4　職業による美容活動の偏り——理論上の意味

このように、キャバクラ嬢の場合、美容資本への投資が売り上げ増加という形で収入を促進した。どうじに、疑似恋愛とはいえ客によりよい印象を与えたり、理想の顔に近づくことで幸福感が促進されたりした。したがって、この本全体の仮説1（序章）「美容活動して美容資本に多く投資する（投資レベルが高い）人ほど、多くの美容資本が維持・増殖され蓄積される（容姿レベルが高い）ため、多くの成果が得られて家族形成、社会経済的地位、ウェルビーイングが向上する（回収レベルが高い）だろう」を、支持するエビデンスとなる。

しかも、キャバクラ嬢のあいだでは、美容整形が職業に特有の美容活動として普及していた。このことから、職業によって求められる美しさが異なると、その結果として職業によって必要な美容活動に偏りがありうることが、示唆された。

たとえていえば、美容資本への投資から蓄積、回収までの因果関係が鉄道路線だとしよう。美容資本の理論によれば、レールは「投資駅」から「蓄積駅」そして「回収駅」まで、一本で一方向につながっているはずである。

この章の分析結果から、美容整形が職業に特有の美容活動であることがわかった。キャバクラ嬢の場合、美容整形へと投資し、売り上げをおおきく回収する。そのため、いわば特急列車に乗るようなものといえよう。このように、同じ路線でも、職業によってゆっくり進む列車もあれば、はやく進むものもあるのだろう。

第8章　人は見た目が100パーセント、内面も100パーセント
――美容師へのインタビュー

7〜9章は美容関係者へのインタビュー調査をもとに、美容の因果関係を分析する。この章では、美容師へのインタビューを紹介する。美容師は国家資格をもつ専門職として、客の容姿を整える。では、美容師は、客の美容資本を蓄積させるのか――この章でこの問題を検討する。分析の結果、美容室にくると、客の容姿レベルが高まるため、恋愛、仕事、幸福感が促進されると語られる。その結果として、投資の違いで美容格差が拡大されうる――このことが、この章で明らかになる。

1　リサーチクエスチョン

1・1　美容師の役割――リサーチクエスチョン

髪のカットやカラーリングといった美容室での美容活動は、人びとにとってどのような意味をもつのだろうか。美容師は、人びとがどのような見た目となることを、目指しているのだろうか。美容活動は、投資と捉えられているのか。そうだとしたら、美容室へくることでほんとうに美しくなり、その結果仕事や幸福感などで元が取れるのだろうか。

この章では、こうした美容師による美容活動を、美容資本への「投資」と「回収」という視点で検討する。美容師は国家資格をもつ専門職として、客の容姿向上を担当する。そのために、素朴に考えてみよう。客の美容資本が蓄積されて容姿レベルが上がり、その結果仕事や幸福感が促進されそうに思える。しかし、その保証はない。もしかしたら、たんに客の希望に応じれば十分で、容姿レベルの向上にも、その先の影響にも、とくに責任がないのかもしれない。そこで、以下のリサーチクエスチョンにアタックする。

リサーチクエスチョン（美容資本における美容師の役割） 美容師は、客の美容資本を蓄積させ容姿を向上させて、その結果仕事や幸福感などを向上させるのか。美容師は、美容活動を投資とみなしているのか。

美容師法によれば、美容とは、「パーマネントウエーブ、結髪、化粧等の方法により、容姿を美しくすること」をいう。美容師とは、「厚生労働大臣の免許を受けて美容を業とする者」をさす（美容師法第二条、１９５７年制定）。似たものに理容師がある。理容師法によれば、理容とは「頭髪の刈込、顔そり、等の方法により、容姿を整えること」をさし、理容師とは「理容を業とする者」をさす（理容師法第一条の二、１９４７年制定）。

美容師、理容師にはそれぞれ、国家資格が必要である。ただし、１つの店舗がどうじに理容業と美容業を営むことは、禁止されている。２０１０年国勢調査によれば、理容師は20万３５９０人、美容師は

39万５８８０人いた。２０１２年経済センサス調査によれば、美容業事業所は13万８１１か所、理容業事業所は８万９６３２か所あった。理美容師の統計については、千田や森田・小林に詳しい（千田 2015、森田・小林 2018）。

筆者らの研究によれば、理容師志望者と美容師志望者、男性と女性とで、志望動機に違いがあった（森田他 2019）。しかし、美容室における美容活動の効果については、未解明のままである。

1・2 高い容姿レベルと回収レベル――仮説

美容師には国家資格が必要であり、専門家として客を美しくする。そのため、自分のおこなう美容活動が、十分なメリットをもつと自負しているはずである。そこで、つぎの仮説を立てられる。

仮説1（**投資の認識**） 美容師は、専門職として客を容姿向上させるため、美容室での客の美容活動を投資と考えるだろう。

そうだとすれば、投資に見合う効果があると、美容師は考えるはずだ。そこで、つぎの仮説が立てられる（図１）。

仮説2（**高い容姿レベルと回収レベル**） 美容師からみて、美容資本に多く投資する（投資レベルが高い）人ほど、多くの美容資本が維持・増殖され蓄積される（容姿レベルが高い）ため、家族形成、社会経済

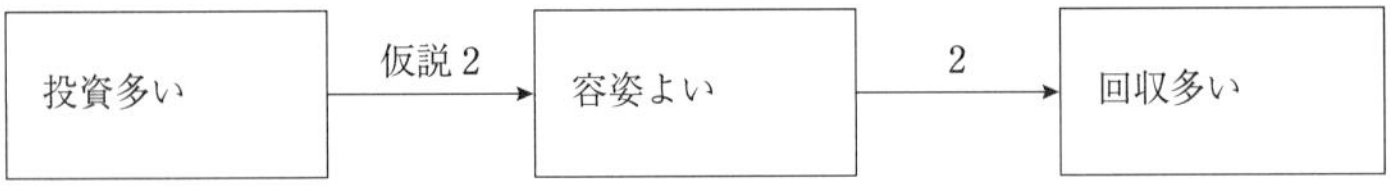

図1　仮説

注）矢印は因果関係を表す。インタビュー対象者である美容師からみて。

的地位、ウェルビーイングが向上する（回収レベルが高い）だろう。

2　方法

2・1　美容についてのインタビュー調査――データ

データとして、美容についてのインタビュー調査を用いる。これは調査票を用いた半構造化インタビューである。そのうち、この章では美容師1名を事例とする（調査の概要は序章参照）。

インタビューは2019年5月に、東京のカフェでおこなわれた。筆者の大学院生（60歳代男性）も、同席した。対象者は、この大学院生の知人であった。

対象者は田中祐成（たなか・よしなり）氏といい、20歳代男性で、現役の美容師である。関東地方出身で、高校卒業後に美容師専門学校を卒業した。現在は配偶者、3人の子とともに都内に住む。趣味はバスケットボールとゴルフである。

美容師としては、美容師専門学校を卒業後、現在の美容室グループに就職した。都内の美容室店舗に勤務し、数回の異同のあと、現在は副店長を務める。勤務時間は、およそ午前10時から夜9時までだが、しばしば練習や指導のためそれ以降も残ることがある。客は、女性7割、男性3割ほどで、年齢は30歳から50歳までが中心である。

図2が、インタビューの様子と、対象者を紹介している。

図2　インタビューの様子（左）、インタビュー対象者（右）

注）2019年5月。左写真のうち左が筆者、右がインタビュー対象者。許可を得て掲載。

本人の美容活動としては、おでこを出して、清潔感を維持するようにしている。また、髪のカラーリングなど、新しい技術を自分に積極的に用いている。

2・2　美容活動の目的、効果、一言でいうと――質問

インタビューでは、属性、職歴に加え、美容について以下を質問し、自由に語ってもらった。これらは、すべてのインタビュー対象者に共通して質問された。

質問1（美容活動の目的）　美容活動の目的はなにか。特定の個人が目標か、自分らしさか、若さか。「もっとしたい」という心理はあるのか。目指すべきは共通のモデルなのか、その人らしさか。

質問2（美容活動の効果）　美容活動の効果は、どれくらいあるのか。容姿レベルがかりに1悪い～5よいとしたら、どれくらいからどれくらいへと上昇するのか。自信、恋愛・結婚、仕事、幸せへつながるのか。

質問3（投資の認識） 美容活動を、投資として認識しているのか。

質問4（本人の美容活動） 本人はどのような美容活動をしているか。美容活動に、月いくらくらい支出し、一日に何分くらいかけているのか。美容にかんして、なにかこだわりはあるか。

質問5（美容アドバイス） 男性、女性それぞれに、美容についてどのようなアドバイスがあるか。

質問6（見た目の割合） 人は見た目が何パーセントくらいだと思うか。残りのパーセントはなにか。

質問7（一言でいうと） 美容とは、一言でいうとどのようなものか。他に、家族、結婚、恋愛、仕事、幸福はどうか。

質問1と2では、「美容活動への投資」という筆者の理論枠組みを伝えず、質問3ではじめて紹介した。以下のトランスクリプトでは、できるだけ本人の語りを尊重し、時系列で記述している。ただし、趣旨が変わらない範囲で、読みやすくなるよう修正したり、発言の順序を入れ換えたりした部分がある。

3　分析結果

3・1　あなたとしゃべりたいんです――ふだんの仕事

筆者：田中さんは、これまで3つの店舗を経験していますね。どんなこと気をつけています？

田中氏：芸能人じゃないですけど、あなたとしゃべりたいんです、というのが、指名につながるんです。「あなたにやってもらうと髪の毛まとまるわ、あなたにやってもらうとかわいくなるわ」、そういうのが指名になる。

筆者：理容室だと店に客が着くというイメージですが、今のお話だと、美容室は人に付くというイメージですね。田中さんに切って欲しい。

田中氏：そうですね。僕が移動すれば、そのお客さんはきてくれますし、実際前の店舗で切ってたお客さんに現在のところまできてもらってます。ただ、これがあまりにも遠すぎて、いきなり静岡に移ったとなると、難しいですけどね。1人とか2人とか、コアなお客さんだけになるでしょうね。

筆者：芸能人じゃないけど、とおっしゃいましたが、そういう意識もありますか？　ファン増やしたいとか。

田中氏：もちろんあります。それが人事からの評価につながり、お給料につながります。仕事の結果でもあるので。美容師には、技術があって当たり前。だって、どこの美容室でもカットってそんなに違いはない。プラスアルファがなにかが問題なんです。丁寧にやってくれるとか、私の好みにあってるとか。
大学院生：指名の数って、すごいんでしょうね。
田中氏：僕はまだまだ下ですよ。ひと月指名のお客さんが120から130人くらいです。トップの人だと、ひと月500人とか600人ですから。
筆者：その人はお給料も……
田中氏：雇われの限界の3千万円、4千万円もらっていますからね。うちの会社上限ないので。そういう人は、1日でマックス100万円以上売り上げますね。
大学院生：だいたい30歳ぐらいでしょうか。
田中氏：そうです、だいたい30から40歳ですね。50代の人はいない。
筆者：将来は独立する?
田中氏：うちの会社は大手なので、福利厚生が手厚いんですよね。なにからなにまで本社がやってくれる。だから美容師たちは仕事に集中できる。でも経営者になると、そこもやらないといけない。
大学院生：税金の計算から厚生年金まで、全部やらなくてはいけない。雇われていたら、入ってきたものはぜんぶ自分に使える。

3・2　僕自身が商品なんです——自分の美容活動

大学院生：田中さんのヘアスタイル、いいですね。あなたの店で、「それと同じような髪にしてく」といってみます。

田中氏：ボリュームと長さが違うので、無理です（笑）。私は、営業中はおでこ出すように気をつけてるんです。

筆者：どうしてですか？

田中氏：父親とか母親とかにいわれたのですけど、おでこ出したほうが清潔感がある。上に立つ人は全員、おでこ出しているイメージがあるんですよ。経営者とか、うちの店長もそう。不潔な感じがない。僕のいまの髪色は、商品としてお客様にやっているものでもある。だから、僕自身が商品なんです。「あなたの髪の色にしたい」となる。陰影といって、暗いとこと明るいところが出るんですよ。動きが生まれます。で、「僕も入れているんですよ」というと、お客さんが「私も入れてみようかしら」となる。単価も上がりますし、お客様も喜んでくれる。

筆者：最終的にはお客の判断で、こうしたいと決まる。

田中氏：そのあとに、僕がひと味、ふた味乗っけてあげるんです。たとえば「身長１７０あります、ヒールはきます」という人がいたとする。すると、バッサリ切ったほうがよりクールに見えますよね。モデルさんのように背が高いんだから。あと、顔の印象もみます。目の位置ですね。人って左右バラバラなんですよ。そんなとき、目の位置が高いほうを出すんですよ。カットして、よりきれいなほうをアピールできるようにします。

筆者：そういう理論ってあるんですか？

田中氏：あります。

筆者：専門学校で学ぶのですね。

田中氏：学ばないんです。自分で本を見たり。より美しいほうを前面に出したほうが、きれいに見えるんですよ。人間て左右非対称といわれてます。なので、より美しいほう、よりリフトアップしているほうを強調する。女性は自分でわかっているんですよ。自分で写真をとる方向が、顔が上がっているんです。ほぼ間違いありません。

3・3　もちろん最高の5点で返します、髪の毛だけで——容姿レベルの変化

筆者：お客さんは、芸能人のような美しい人が5点、そうでない場合を1点とすると、どんなもんでしょう？

田中氏：私を指名する人は、だいたい4点とかですかね。平均よりは高いです。みなさん、オシャレにたいして意識高いですね。

筆者：男女の割合では？

田中氏：男性も僕のお客さんは多いほうだと思います。女性7割、男性3割くらいかな。年齢は80歳代の杖ついてるおばあちゃんから、小学生までいます。一番多いのは、自分の親の世代ですね。30歳から50歳まで。

筆者：その4点の人が、美容室にきて、どの段階までになるんでしょうか？

田中氏：もちろん最高の5点で返します。髪の毛だけで、ですよ。僕の美容室にきたお客さんは5点で返すイメージで、やらせていただきます。じゃないと嫌じゃないですか。若い子ですと雑誌に出ているような感じ、おばさまにはグッと絞めて、ワッと広るようなスタイルをしっかり仕上げます。

パーティーにいっても変じゃないように。このあとの予定を聞いて。前回きたときよりも、きれいになって帰ってもらう。技術的なことをいうと、カットを変える、カラーを変える。

3・4　周りからの評価を求めているんですよ――美容活動の目的

筆者：お客さんは、どういう目的をもってくるんでしょうか？「若く見せたい」って感覚はありそうです？

田中氏：女性はあります。というか、今の自分よりきれいになりたい。周りに褒められたいんですよ。「どこで切ったの？」、それが一番求められている答えなんですよ。職場へ髪を切ったあとに出勤するじゃないですか。職場の女性に「素敵ね、どこで切ってきたんですか？」といわれれば、悪い気はしない。「かっこいいですね」といわれたら、テンション上がる。女性だと井戸端会議があって、年齢を重ねた人も「その髪型どこでやってきたの？　私もいきたい」といわれれば、勝ち誇れるんですね。自己満足なんですが、人は周りからの評価を求めているんですよ。ファションもいっしょなんですよ。個性豊かだけどオシャレだね、といわれたい。

筆者：田中さんとしても嬉しい。

田中氏：紹介ということでお客様が増える。それで全国1位なんです。紹介というジャンルで。お客さんがお客さんを紹介してくれる。（中略）

筆者：お客さんに、自分らしくなって欲しいとの感覚ってありますか？　その人らしくというのかな。

田中氏：その人のいいところとか、その人の将来なりたい像を聞く。そこからスタイルが決まってくるんですけど、季節が変わるごとに、「こういうのもいいのじゃないか？」と提案をしますね。なんとかお客様の希望に応えようとしながらも、あえてこういうアプローチの仕方もあるんじゃないですか？と提案します。ぎゃくに、「切らないほうがいいですよ」というのもあります。もし本当に似合わないと思ったら「いいんですか？」と念押しします。そうやって、なるべく似合うスタイルに誘導します。そうしないと、お客さんが「ショートにしたい」といっても、自分よがりで周りからの評価は悪いものになってしまう。ファッションも一緒。個性豊かだけどオシャレっていうのが大切。

筆者：なるほど、美容には周りのためというのもありますね。

田中氏：女性って、お出かけする前に白髪を染めるんです。周りから汚く思われたくないから。日本人って、周りからどう思われるかが気になるんですよ。

3・5 「モテ期がきました」といってくれると嬉しい——美容活動の効果

筆者：その人の仕事とか、恋愛、結婚とかが、美容室で変わることがあるでしょうか？

田中氏：新社会人になる男の子には、バッサリ髪を切りますね。おでこは出せ。耳は出せ。清潔感出さなければ。ＩＴ系の会社で、お客さんに接しないとかいうのであればＯＫですが、普通の不動産、商社、メーカーではそれではだめです。

筆者：女性はどうでしょうか？

田中氏：清潔感です。若い子はチャラチャラでいいですけど、ある程度年齢を重ねたら、清潔感がないと無理じゃないですかね。襟足の産毛とか、細かいところを気にします。（中略）その髪型を維持できるのは、3週間ですね。僕の友達で不動産の営業をしている人がいて、3週間ごとにきます。保険会社の営業の男の人も、3週できてもらってます。

筆者：美容室にいくことで、自信とか幸せ感とかに影響ありそうです。

田中氏：僕と話して幸せを感じる人もいれば、ゆっくり雑誌を読んで幸せだなと思う人もいれば、リラックスできたなあ、と思う人もいる。愚痴を聞いてもらって幸せだとか。いつもぼさぼさの髪がツルツルになったりすると、見た目も変わるじゃないですか。家に帰って幸せだなと思うでしょう。

筆者：自信はどうなんでしょう？

田中氏：男性も女性も、つくんじゃないですか。僕が男性でも女性でも、スタイリングして帰るときは、すぐデートにいけるようにしている。男の子に多いのは、高校生から大学生になるときに、髪型変えてあげたりして。

大学院生：たしかに、高校生のときは学校で決まった髪型のことがあるからなあ。

田中氏：そうそう。自由にできないですからね。髪形変えて、「モテ期がきました」といってくれると嬉しい。私もこうしたほうがモテるとわかる。父親の世代についても、モテ期といっては失礼だが、それなりの年代はどうすれば尊敬されるかもわかる。

筆者：私は50代ですが、20代とか30代とかまた違うものなのでしょうね。

田中氏：20代は僕のような感じでいいと思いますが、30代はもっと襟足を短くするとか、すっきりして清潔感出す。じょじょに人前に立つことも多くなりますから。全体的に刈り上げ気味に。髪長い人は、アーティストとかそういう人が多いと思います。

3・6　投資をしなかったら、きれいにならない――美容活動は投資か

筆者：私は美容って、投資して、なんらかの形で回収するというイメージなんです。そういう考え方ってどうでしょう？

田中氏：たしかにそうだと思います。投資をしなかったら、きれいにならないですもの。

大学院生：営業が髪の毛をちゃんとするとか、1つの投資でしょ？

田中氏：投資です。

筆者：じゃあ、投資をするのは当然ですか？

田中氏：したほうがいいと思います。しろ、とはいわないですけど。したくない人もいるでしょうから。でも、きれいになる可能性はある。その可能性をプラスにしたいのであれば、投資したほうがいい。成功した人は、ぜったいやってますよ。

大学院生：たしかに成功した人は、みなやっている。男性でも女性でも。

田中氏：もし美容しないで成功した人いたら、教えてほしいですね。もしかするといるかもしれない。なにか独特な哲学をもっている人で、人前に出ない仕事とかで。

3・7　鏡をみて楽しいと思えるか――美容についてのアドバイス

筆者：せっかくですから、田中さんの専門家としてのアドバイスをいただきたい。男性、女性あわせ

て。美容はこういうところを注意するといいよ、など。
田中氏：お告げですよね。美容は、毎日の手入れです。それが、将来の美しさにつながると僕は思っています。
筆者：毎日の手入れ。
田中氏：鏡を見て、楽しいと思えるかどうかです。鏡をみて楽しいのは、自分に自信があるからでしょう。男性は自信があったらモテますし、女性もモテます。鏡を見て、「自分ってかっこいいな、きれいだな」と思えればいい。
大学院生：鏡の自分と同じ像を、他の人も見ている。
田中氏：いろいろなものにアンテナを張っていると、きれいになります。たとえば、美術館にいく、より美しいものに向かい合う。人は美しいものに目がいくんですよ。美しいものをみると自分が楽しくなるじゃないですか？　かっこいいのが楽しいですし、きれいなのは楽しいですし、みなさん。不細工な自分って、楽しくない。

3・8　見た目が１００パーセント、内面も１００パーセント――人は見た目が何パーセントか

筆者：よく見た目が何パーセントなどというのですが、どうですか？
田中氏：見た目が１００パーセント、内面も１００パーセント。両方あって、その人じゃないですか。
筆者：ありがたいお告げです。
田中氏：内面があっての、外見じゃないでしょうか。この僕の外見は、僕の内面がでているんですよ。

筆者：意識しているからですね。だって、そうなりたいと思わなければ、なるわけない。

田中氏：だから、だれでもそうだと思ってます。内面１００パーセント、で外見も１００パーセント。

３・９　一生で大きな差になる――美容とは一言でいうと

筆者：（中略）では、田中さんにとって、家族とはどういうものでしょう。気軽に考えてください。

田中氏：嫁、子どもがいるので、守らなくてはいけない存在。家族がいるからこそ、頑張れる力が湧いてるのではないかと思ってます。

筆者：結婚とは、どういうものでしょうか？

田中氏：タイミングと勢いだと思います。結婚は人によっていい、悪いさまざまですが、僕はしてよかったと思います。たまたま、いい嫁さんに当たったのもありますけど、結婚することによって自分が楽になりますよ。専業主婦で、嫁が陰で支えてくれているからこそ、今の仕事ができる。

筆者：恋愛とはどうですか？

田中氏：恋愛は、一種の麻薬と思ってます。

筆者：麻薬。

田中氏：依存しやすい。恋愛は周りが見えなくなってしまうので。

筆者：では、美容師というお仕事はどうですか？

田中氏：唯一お客さんから笑顔でありがとうといってもらえて、お金をもらえる職業です。ありがとうといわれて、２万円３万円もらえる職業って、ないと思うんですよね。たとえば、家を建てます。

２０００万３０００万払います。でも、ありがとうとはならないですよね。あと、一生働ける仕事だと思います。

筆者：美容は、どういうものでしょうか？

田中氏：人を幸せにするものだと思います。きれいになると、自信が湧いてくる。毎日習慣を続ける。食事と一緒です。習慣を続けることによって、毎日美しい生活ができる。すぐに効果の出るもんじゃないですね。勉強と同じです。ちょっとやったからといって、すぐ１００点が取れるものではありません。ながく続けて、習慣つけることによって、すこしずつ効果が出てくる。それで、一生のあいだには大きな差になる。

筆者：大きな差ですか。

田中氏：株に投資をしたら、あとあと効果を生んでくる。それと同じで、美容に気を遣っていると、あとあと差が出てくる。美容とは、努力と我慢。美容って我慢です。おしゃれって、冬の寒いときでも、寝袋を着ているわけにはいかない。それなりの格好はしないといけない。女性はよくいいますよ、おしゃれって我慢だなあって。

筆者：さいごに幸福って、どんなものでしょうか？

田中氏：お客様が髪切って終わったあとに、「やっぱりあなたに切ってもらうとまとまるわね」といわれるのが嬉しい。僕を求めてくれている。だからこそ、僕はお給料をもらっている。求められているからこそ、よりいっぱいの人に褒められれば、お給料も上がる。あと、普通の喜びは、やはりお金ですね。まだ若いんで、がめつく、富を築き上げたい。

筆者：今日はどうもありがとうございました。

4 まとめ

4・1 投資による差の拡大――仮説1の検証

このような語りから、仮説は検証されるだろうか。仮説1は「美容師は、専門職として客を容姿向上させるため、美容室での客の美容活動を投資と考えるだろう」だった。もしこれが正しければ、インタビュー対象者は自分の仕事を、客にとっての投資と認識しているはずである。

この仮説は、支持された。筆者から、美容を投資として捉えられるか質問したところ、肯定したうえで、「投資をしなかったら、きれいにならない」と語った。大学院生が、髪を整えることも投資かと聞くと、「投資です」と即答した。

では、投資をするのは必須なのか。対象者によれば、できれば「したほうがいい」が、したくない人もいるだろうから「しろ、とはいわない」。とはいえ、人はだれでも「きれいになる可能性はある」から、「その可能性をプラスにしたいのであれば、投資したほうがいい」と語る。

美容に投資をした場合としなかった場合とで、違いはあるのか。対象者によれば、美容活動は食事と同じく、「毎日習慣を続ける」ものであった。その結果、「毎日美しい生活ができる」ようになる。ただし、「すぐに効果の出るもんじゃな」く、「ながく続けて、習慣つけることによって、すこしずつ効果が出てくる」ものであった。その違いが、「一生のあいだには大きな差になる」と語られる。つまり、美容には、「努力、我慢」が不可欠であり、それが欠けると美しさが低下する。

このように、対象者は美容活動が、客にとって将来の美しさへの投資であると認識していた。ただし、一過性のものではなく、努力して我慢しながら持続させ、なんとなれば一生続けるべきものと捉えていた。その結果、美容資本の差が蓄積され、美しさに大きな違いが生まれ、生涯をとおしてみると差が拡大するのである。

4・2　美容師は人を幸せにする——仮説2の検証

仮説2はどうか。仮説2は「美容師からみて、美容資本に多く投資する（投資レベルが高い）人ほど、多くの美容資本が維持・増殖され蓄積される（容姿レベルが高い）ため、家族形成、社会経済的地位、ウェルビーイングが向上する（回収レベルが高い）だろう」だった。仮説のとおりなら、美容室にくる人ほどきれいになり、その結果モテたり、出世したり、幸せになったりするはずである。

この仮説も、おおむね支持された。まず、美しさの変化については、最低の1点から最高の5点まで5段階で容姿レベルがあるとしたら、4点の人を「もちろん最高の5点で返」すと語られた。そのとき、メイクや服装は考慮せず、「髪の毛だけで」変化させる。このように、対象者は、美容室にくることで客の美容資本が増え、容姿レベルが1点上がることを目指していた。期待も含まれるため、これが実態とかならずしも一致するとはかぎらない。とはいえ、すくなくとも対象者本人の理念としては、容姿レベルの向上が必須と捉えられていることが確認できた。

つぎに、容姿レベルの上昇の効果はどうか。第一に恋愛への効果は、髪形を変えたことで、「モテ期がきました」といわれたことがあった。これは若年層にかぎらず、対象者の親の世代（50歳代）についても、当てはまる。このように、対象者は美容室にくることが、幅広い年代にとって恋愛を促進すると語られた。

第二に仕事への効果については、男性には「新社会人になる男の子には、バッサリ髪を切」るし、30歳代は人前に立つことが増えるので「もっと襟足を短くする」など、清潔感を出すように提案する。女性も、「ある程度年齢を重ねたら、清潔感がないと無理じゃないですかね」と語るとおり、清潔感が不可欠であると考えていた。このように、男女、年代ごとに似合うヘアスタイルがあるが、共通して清潔感が必要であると語られる。

第三にウェルビーイングへの効果として、対象者は「美容というものは、人を幸せにするものだと思います」と語る。しかも、「きれいになると、自信が湧いてくる」ので、その結果として「毎日美しい生活ができる」ようになる。このように、美容師という仕事は、人を幸せにし、自信をつけるものだと認識されていた。

もちろん、見た目ですべて決まる、というわけではない。たしかに対象者は、「見た目が１００パーセント」と語る。とどうじに、「内面があっての外見」なので、「内面も１００パーセント」を占めた。このように、対象者にとっては心の豊かさがあってこそ、見た目のよさが活き、効果を発揮した。

図3　分析結果の要約
注）矢印は因果関係を表す。仮説の検証結果より。

4・3　偏りの連鎖の存在——リサーチクエスチョンへの回答

図3が、分析結果を要約している。以上から、リサーチクエスチョン「美容師は、客の美容資本を蓄積させ容姿を向上させて、その結果仕事や幸福感などを向上させるのか。美容師は、美容活動を投資とみなしているのか」に、つぎのように回答できる。

リサーチクエスチョンへの回答　美容師は国家資格をもつ専門職として、客の容姿を整える。ある美容師の語りの分析から、美容室へきて髪を整えることは、投資として認識されていた。美容室にくると、客の容姿レベルが高まり、その結果として恋愛、仕事、幸福感が促進されると語られた。このように、美容師という専門職をとおして、客の美容資本への投資レベル、蓄積レベル、回収レベルが因果的に連鎖しうることがわかった。

4・4　美容格差は拡大する——理論上の意味

このように、美容師は客の容姿レベルをあげ、その結果モテや仕事や幸せ、自信につながった。したがって、この本全体の仮説1（序章）「美容活動して美容資本に多く投資する人（投資レベルが高い）ほど、多くの美容資本が維持・増殖され蓄積される（容姿レベルが高い）ため、多くの成果が得られて家族形成、社会経済的地位、ウェルビーイングが向上する（回収レベルが高い）だろう」を、支持するエビデンスとなる。

それだけでない。対象者によれば、美容活動とは「毎日習慣を続ける」べき、「努力と我慢」が要求されるものであった。その結果、しかし、長期的に考えるとメリットも豊かで、「一生のあいだには大きな差になる」と語られた。外見は、内面とともに100パーセントの重みをもつものと認識されていた。

したがって、もしコツコツと投資し美容活動を続けられれば、おおきな労力がかかるが、それに見合うだけの回収もできる。もし投資できないならば、ただし、継続する人とのあいだで、美しさの格差が拡大しつづけることになる。つまり、美容資本に投資するかしないかで、美容格差が加速し拡大する一方である――こうした可能性が、示唆された。

たとえていえば、美容資本への投資から蓄積、回収までの因果関係が鉄道路線だとしよう。美容資本の理論によれば、レールは「投資駅」から「蓄積駅」そして「回収駅」まで、一本で一方向につながっているはずである。

この章の分析結果から、さいしょの投資が異なると、蓄積レベルも回収レベルも想定とは異なりうることがわかった。したがって、いわば同じ投資駅から出発してしも、乗るべきホームを間違えると、列車は異なる路線へと入ってしまう。その結果、目指す蓄積駅や回収駅にたどりつけず、ときに別の方向にある、別の駅に到着してしまうかもしれない。

第9章　素肌美人を目指そう――皮膚科医へのインタビュー

7～9章は美容関係者へのインタビュー調査をもとに、美容の因果関係を分析する。この章では、美容皮膚医療もおこなう皮膚科医へのインタビューを、紹介する。皮膚科医は、医師という国家資格をもつ専門職として、シミとりなどの美容皮膚医療もおこなうことがある。美容の専門職として、8章の美容師と同じように分析していく。では、皮膚科医は、患者の美容資本を蓄積させるのか――この章でこの問題を検討する。分析の結果、美容皮膚科で受診すると、患者の容姿レベルが高まるため、幸福感が促進されると語られた。ただし、（恋愛、結婚、仕事がスムーズなら容姿レベルが上がり、その結果さらにスムーズになるというように）美容資本の蓄積と回収には双方向的促進もありうる――このことが、この章で明らかになる。

1　リサーチクエスチョン

1・1　皮膚科医の役割――リサーチクエスチョン

シミやシワの改善といった美容皮膚科での美容活動は、人びとにとってどのような意味をもつのだろうか。皮膚科医は、人びとがどのような見た目となることを、目指しているのだろうか。美容活動は、投資と捉えられているのか。そうだとしたら、美容皮膚科を受診することでほんとうに美しくなり、その結果仕事や幸福感などが変化するのだろうか。

この章では、こうした皮膚科医による美容活動を、美容資本への「投資」と「回収」という視点で検討する。皮膚科医は国家資格をもつ専門職として、美容皮膚科の患者の容姿向上を担当する。そのために、素朴に考えてみよう。患者の美容資本が蓄積されて容姿レベルが上がり、その結果仕事や幸福感が促進されそうに思える。しかし、その保証はない。もしかしたら、たんに患者の希望に応じれば十分で、容姿レベルの向上にも、その先の影響にも、とくに責任がないのかもしれない。そこで、以下のリサーチクエスチョンにアタックする。

リサーチクエスチョン（美容資本における皮膚科医の役割）　美容皮膚医療もおこなう皮膚科医は、美容皮膚科の患者の美容資本を蓄積させ容姿を向上させて、その結果仕事や幸福感などを向上させるのか。皮膚科医は、美容活動を投資とみなしているのか。

医師法によれば、「医師でなければ、医業をなしてはならない」とある。したがって、美容医療を含む医療行為は、医師のみが行なうことができる（医師法第17条、１９４８年制定）。美容医療には、おおきくわけると、手術を伴う「美容外科」と、伴わない「美容皮膚科」（美容内科）がある。

谷本は、美容皮膚科医と美容外科医７名にインタビューし、医師ではなく患者が施術の最終判断をすることを明らかにする（谷本 2018）。しかし、美容医療が（仕事や幸福感などへ）どのような効果をもつのかについては、未解明のままである。

1・2　高い容姿レベルと回収レベル――仮説

皮膚科医には国家資格が必要であり、専門家として美容皮膚科の患者を美しくする。そのため、自分のおこなう美容活動が、十分なメリットをもつと自負しているはずである。そこで、つぎの仮説を立てられる。

仮説1（投資の認識）　皮膚科医は、専門職として患者を容姿向上させるため、美容皮膚科での患者の美容活動を投資と考えるだろう。

そうだとすれば、投資に見合う効果があると、皮膚科医は考えるはずだ。そこで、つぎの仮説が立てられる（図1）。

仮説2（高い容姿レベルと回収レベル）　皮膚科医からみて、美容資本に多く投資する（投資レベルが高い）人ほど、多くの美容資本が維持・増殖され蓄積される（容姿レベルが高い）ため、家族形成、社会経済的地位、ウェルビーイングが向上する（回収レベルが高い）だろう。

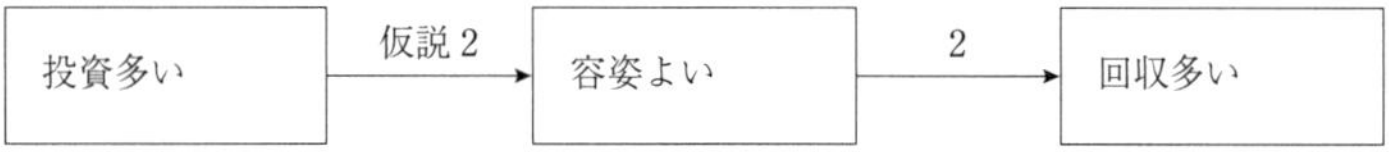

図1　仮説
注）矢印は因果関係を表す。インタビュー対象者である皮膚科医からみて。

2　方法

2・1　美容についてのインタビュー調査——データ

データとして、美容についてのインタビュー調査を用いる。これは調査票を用いた半構造化インタビューである。そのうち、この章では美容皮膚医療もおこなう皮膚科医1名を事例とする（調査の概要は序章参照）。

インタビューは2019年6月に、東京にある対象者の勤務先「南青山皮膚科スキンナビクリニック」でおこなわれた。対象者のクリニックの職員2名（60代男性、60代女性）も同席した。

対象者は服部英子（はっとり・ひでこ）氏といい、40歳代女性で、現役の皮膚科医である。北陸地方出身で、医大を卒業した。現在は配偶者、1人の子とともに都内に住む。高校までバスケットボールをしていた。日本酒が肌によいとのことから、よく飲む。

皮膚科医としては、大学卒業後、いくつかの病院に勤務し、2005年から現在のクリニックで院長を務めている。日本皮膚科学会認定の皮膚科専門医である。勤務時間は、およそ午前10時から夜8：30までという。（保険診療ではない）自由診療の患者は、全患者のうち4割ほどである。自由診療患者のうち、およそ9割が女性で、男性は1割ほどいる。年齢は、30歳代から40歳代が中心である。図2が、インタビューの様子と、対象

図2　インタビューの様子（左）、インタビュー対象者（右）
注）2019年6月。左写真のうち左がインタビュー対象者、右が筆者。許可を得て掲載。

者を紹介している。

本人の美容活動としては、日焼け止めを塗る、適度な運動をする、バランスのよい食事をするなどしている。オーガニック食材を使用したり、サプリメントを飲んだりといったことは、とくにしない。

2・2　美容活動の目的、効果、一言でいうと――質問

インタビューでは、属性、職歴に加え、美容について以下を質問し、自由に語ってもらった。これらは、すべてのインタビュー対象者に共通して質問された。

質問1（美容活動の目的）　美容活動の目的はなにか。特定の個人が目標か、自分らしさか、若さか。「もっとしたい」という心理はあるのか。目指すべきは共通のモデルなのか、その人らしさなのか。

質問2（美容活動の効果）　美容活動の効果は、どれくらいあるのか。容姿レベルがかりに1悪い～5よいとしたら、どれくらいからどれくらいへと上昇するのか。自信、恋愛・結婚、仕事、幸せへつながるのか。

質問3（投資の認識） 美容活動を、投資として認識しているのか。

質問4（本人の美容活動） 本人はどのような美容活動をしているか。美容活動に、月いくらくらい支出し、一日に何分くらいかけているのか。美容にかんして、なにかこだわりはあるか。

質問5（美容アドバイス） 男性、女性それぞれに、美容についてどのようなアドバイスがあるか。

質問6（見た目の割合） 人は見た目が何パーセントくらいだと思うか。残りのパーセントはなにか。

質問7（一言でいうと） 美容とは、一言でいうとどのようなものか。他に、家族、結婚、恋愛、仕事、幸福はどうか。

質問1と2では、「美容活動への投資」という筆者の理論枠組みを伝えず、質問3ではじめて紹介した。以下のトランスクリプトでは、できるだけ本人の語りを尊重し、時系列で記述している。ただし、趣旨が変わらない範囲で、読みやすくなるよう修正したり、発言の順序を入れ換えたりした部分がある。

3　分析結果

3・1　奥様から行ってきなさいっていわれて――ふだんの仕事

筆者：先生のクリニックで、自由診療の患者さんって、どういう人が多いのでしょう？

服部氏：顔の形を変えたいというような、形成的な希望の人はまれです。どっちかっていうと、肌をきれいにしたい。とくに年配のかたがよくいうのは、べつに10歳も若返ろうとは思わない。ただ、きれいでいたい、汚いおばあちゃんではいたくないっていうんですね。あとは、中学生とかもきて、そういう人たちはニキビとかを治したいと。30、40代の人でも、ニキビを治したいですとか、毛穴を目立たなくしたいとかです。今が、本来の、自分が想定している肌とは違うから、それを改善したいっていうことですよね。

筆者：本来の、っていう言い方をするんですね。

服部氏：肌荒れだと、「こんな肌ではなかったんです」とか。「ふだんよりも赤みが強いんです」とか、「ブチブチしている」とか、そういう言い方をする人が多い。

筆者：そうすると、自由診療するかたは、年齢的には幅広そうです。

服部氏：3、40代が中心ですね。

筆者：男性よりも女性が中心？

服部氏：女性が中心ですね。男性は1割くらい。奥様から、「シミが気になるから、ちょっと行ってきなさい」って声をかけられてくるようなパターンが、男性では多い印象です。あとは、20代、30代の男性の人は、やっぱり意識が高いですね。毛穴が気になるとか、シミが気になるなって。人前にでるときに、もうちょっと肌をきれいにしておきたいっていうことですね。

筆者：このクリニックがスタートした14年前とくらべて、そのあいだにリクエストに変化って感じられました？

服部氏：敷居がたぶん下がったんではないか、というふうに思いますね。前はたぶん、美容皮膚科についてってほんとに仲間内だけとか、場合によってはあんまり人にいわなかったりっていうのが多いようでした。美容っていう言葉が入ると、どうしても顔の形を変える、というような、形成的なイメージがあった。今は、お互いに友達同士で紹介とかも、ふつうにあります。

筆者：そうですよね。私もこの前、ゼミ生と話してたら、男子学生が「ひげの脱毛してます」っていってました。

3・2　すごく若返ることはしたくないけど、小ぎれいでいたい――美容活動の目的

筆者：具体的に、たとえば「この女優を目指しているんです」みたいな人はいますか？

服部氏：うちは顔の形を変えるわけではないので（いない）。

筆者：じゃあ、雑誌もってきて、この人のこういう肌になりたいんです！　みたいなのは？

服部氏：そこまではないですけど、「毛穴はなくしたい」といってくる人はいますね。

筆者：若くみられたいです、みたいなリクエストもありそうですね。

服部氏：そういう言葉を使う人はあまりいないんですけれども、「肌のくすみをちょっと明るくしたい」とか、「毛穴が気になります」とか、「シミが気になります」とか、「シワが気になります」っていうことはあります。話のなかで「ほら、おばあちゃんみたいにみえるでしょ」みたいな言い方をする人もいます。わりと、自分がやりたい目的を、具体的にいわれるかたが、多いと思います。

筆者：他のかたにインタビューをしていると、「自分らしさを求める人がいる」なんてのを聞くんですね。

服部氏：自分らしさというのは、少ないですかね。自分がこういうふうになりたいっていうイメージは、もちろんもっていると思いますが。

筆者：そういうイメージって、どこに向かってるんでしょうか。共通で、一つの普遍的な美しさのイメージみたいなのがあるのか。それとも、今の自分よりもちょっとでもよくなればいいか、っていう感じなのか。

服部氏：ある程度普遍的なことは求めていると思います。「前よりシミが目立ってきた」とか、「前より毛穴が目立つんです」っていう言い方をされるので。ある程度年齢いくと、すごく若返ることはしたくないけど、小ぎれいでいたい。よくあるのは孫に、「おばあちゃんこれイボ?」といわれて、触られたとか。

3・3　ちょっと抵抗して、現状維持——皮膚科医からみた美容活動の目的

筆者：そうなんですね。ある化粧品メーカーのかたと話していたら、ゴールデンバランスっていうの

があるらしいんですね。そういうのは先生、意識されてます？

服部氏：私はどっちかっていうと、純粋に素肌になったときの質感ですとか、肌の明るさですとか、色ムラとかを重視してます。ほくろはべつに悪いものじゃないけど、いっぱいあると、なんとなくガチャガチャした印象を与えます。

筆者：女性は、いつまでも若くいたいっていうふうに聞くんですけど、先生からすると、若さっていうのは求めるべきものなのか、そうでもないのか。

服部氏：私の性格的に、あまり若さを求めてないというか。それ相応の年齢の良さが、たぶんある。私なんか、40代になったぐらいのほうが、気楽になっていいと思うんです。若い子と張り合う必要はまったくない。ただ、たしかに、シワが深いとか、おっきいシミがあるとか、そういうのを治してあげる、改善してあげることはできると思うんですよね。

筆者：（中略）45歳の人が40歳を目指すとか、それくらいならなんかできそうな気もするんですけど、どうなんでしょう。

服部氏：そうですね。キープするっていう感じですか。それなりに変化はあるので、そのなかでうちの場合は、素肌をよりよい状態に保っていけるような提案をしている。ただ、どうしても、たるみとかシワとかって、患者さんが満足するのは、外科的な領域のことがある。で、注入してボリューム出すとか、引っ張るとか。こういうのにたいして、うちはむしろ、素肌をきれいに、よい状態に保っておいて、劇的には治せないけど、ちょっと抵抗するような、継続的にやっていく感じですね。ドカーンとなんかやる、ということじゃなくて。

筆者：なるほど。一発でこうバっと変わるっていうよりは……

服部氏：現状維持ですよね。シワなんかは、男性の場合はとくに、かならずしも悪いものとは私思わないんですよ。その人の人生、歩んできたものを表していると思うので。ただ、シミは、あってあんまりよいものでもないのかなー、という気はします。一般的に、シミがボーンっとあると、「なんとなく年齢が高いのかな」ってみられてしまう。あとは、シワも女性の場合は、あまりに深いと、歳をとったようにみえてしまうっていうのはあると思うんです。こうした色ムラは、改善してあげると違ってくるんではないかと思います。

筆者：色ムラというのは、どっか濃くて、どっか薄くてってことですね。

服部氏：そう。シミやほくろも含めて、第一印象でその人をみたときに、やっぱり肌の色と違うものがあると。一瞬違和感を与えるんですよね。だから、それを私は「客観的にどうだ」っていう判断をしてあげる。そばかすだって、他人はすごく気になるのに、本人は生まれつきあったのでまったく気にしないんですよ。それで、シミとかを気にするわけですよ。「そばかすじゃなくて、こっちなの?」みたいな。

3・4　症状があった人は1レベル変わる――容姿レベルの変化

筆者：アメリカの研究だと、見た目を5段階で分けることが多いんです。5点が一番きれい、ハンサムとして、4点、3点、2点、で1点まであるとしたら、ここにくる患者さんって、どれくらいの人が多いという印象です?

服部氏：客観的に美人かハンサムかっていうのは、わりと骨格的なところが大きいんですよね。目が大きいとか、ゴールデンバランスとか、そっちがメイン。（中略）それでも、意識高い人は多いので、平均よりは絶対的に高い人たちがきてる。そうですね、3と4のあいだですかね。

小林：3・5ぐらいってことですね。そうした3・5点の人がきて、施術したあとに、どれくらいになるものでしょうか？

服部氏：その人がなにを求めているかにもよるんですけど、症状があった人は、やっぱり1レベルは変わるんじゃないですかね。

筆者：3点の人が4点ぐらいになる。3・5点なら4・5点ぐらいになるんですね。

服部氏：4・5点はなかなか難しいかもしれないけど。でもまあ、4点くらいにはなるんじゃないんですか。

筆者：もし、なにもスキンケアしなかったら？

服部氏：なにもしないと？ 日焼け止めしないとか、ほんとうになにもしないと、場合によっては1点とか2点になることも、あると思います。極端な例でしょうけど、漁師さんなんかは毎日日焼けするので、どうしても肌にはダメージになる。

3・5 毎日やっぱり絶好調の肌でいたい――美容活動の効果

筆者：患者さんはどんなふうに変わっていくなって思いますか？

服部氏：肌がよくなったことで、喜ばれて、活動的になるかたもいます。もともと小ぎれいにしてる人は、さらにスキンケアも大事にするようになる。外に行くとき、今までは帽子被らなかったのが、帽子とか日傘を夏はさすようになったとか。

筆者：すると、定期的にくる人が多い。

服部氏：定期的にくるかたが多いですね。多い人で月1回。あとは、2～3か月に1回くらい。もうエステ感覚に近くなっている。ダウンタイムがある治療ではないので。エステに行ってる人たちって、けっこううちにいらっしゃる。

筆者：（中略）施術が終わると、自信がついた、みたいな感じってありますか？

服部氏：やっぱり肌の状態がよくなるので、喜ばれますよね。

筆者：では、仕事に役に立てようとしてる人も、いるんでしょうね。

服部氏：男性は、仕事で人に会うときに、「小ぎれいにしておきたい」っていう人はいますね。女性はどっちかっていうと、仕事より、日々のなかできれいにいたいんじゃないんですか。女性は、「特定のこういうときのため」というよりは、毎日やっぱり絶好調の肌でいたいっていう感じですよね。毎日化粧のノリがよくなきゃ駄目なんですよ。

筆者：そういうのは、幸せに結びついてたりするんでしょうか？

服部氏：シミがなくなったりすると、ひじょうに化粧が楽になったとか、気になっている所がなくなると喜んでくれます。なので、そういう意味では、幸福感は得られるんではないかと思います。たしかにそれは一瞬の幸福で、またさらなる幸福を求めて高みを望む、っていうのはあるかもしれませんね。ただ、うちの患者さんは、がめつく幸福を求めるっていう感じではありません。

筆者：恋愛や結婚と、こちらにくることが関係するような気がします。

服部氏：結婚式前に、きれいにしたいとくる人もいます。恋愛中は、ニキビとかが気になって受診する。化粧のノリが悪いだけで、もう気分がどんよりですから。「相手にたいしてきれいにみせたい」っていうのは、あると思いますね、ぜったいに。

3・6　投資として、自分をきれいにみせておく――美容活動は投資か

筆者：美容に投資するっていう感覚は、先生からご覧になってありますか？

服部氏：投資として、自分をきれいにみせておくっていうことのは、あるんじゃないでしょうか。たとえば、それで恋愛がうまくいくとか、仕事だと信頼関係とか、そういうことのために美容をしてるっていうのは、あると思います。

筆者：先生ご自身はどうでしょう。「みんなもっと美容に投資したほうがいいよ」みたいな感覚っていうのはありますか？

服部氏：私は見た目でどうこうっていうの、あんまり気にしないほうなんです。ただ、第一印象はひじょうに大事だと思います。べつにすごくハンサムで美人になれとはいわないですけど、よい状態なら、ファーストインプレッションはよくなるので。そういう意味では、見た目は意味あることかな、とは思うんですよね。

3・7　ファーストインプレッションは大きいので6割くらい——人は見た目が何パーセントか

筆者：よく人は見た目が何パーセント、っていう言い方しますよね。それでいうと、先生はどれくらいだと思います？

服部氏：その人の雰囲気とかもあるので、美人の人でも、「あ、この人きつそうかな」って思う人もいる。そこまで美人のほうではないけど、「雰囲気として親しみやすいかたかな」というのはある。そういうのも全部ひっくるめてとなると、ファーストインプレッションは大きいので、6割くらい。半分以上はあるんじゃないですかね。

筆者：見た目が関係ないよってことはないですよね。

服部氏：やっぱりそうですね。（中略）見た目って、大事であるとは思いますよね。人に不快感を与えすぎてしまうのは、やっぱりどうかと思います。

3・8　日焼け止めはやはり、毎日塗る——自分の美容活動

筆者：ご自身の美容法ってありますか？　これ気をつけてますとか。

服部氏：私の美容法（笑）？　日焼けには気をつけてます、はい。日焼け止めはやはり、毎日塗るようにしています。

筆者：それぐらいですか。

服部氏：朝起きてスキンケアをする、そのときに日焼け止めまで塗っちゃう感じ。あとは、適度な運動。食事もべつに、これがいいから、こればっかりって同じ食材を摂るとか、オーガニックじゃな

きゃ駄目とか、そういうのはまったくないです。無理はしない感じでしょうかね。生活があるので。そのなかでルーティンみたいな感じで、あんまり極端なことはしてない。

3・9　素肌美人がいいんじゃないかな——美容についてのアドバイス

筆者：美容のためにこういうことをするとよいよとか、こういうふうに考えたらどうですか、といったアドバイスがほしいんです。

服部氏：たとえば毛穴が気になってきても、「私からみたらほぼ正常ですよ」っていってあげると、安心するんです。客観的に意見をいってくれるような、皮膚科でもよいですし、そういう所に相談をするというのは、よいのかなと思います。それがスキンケアの段階でいけるのか、それとも治療までしなきゃいけないのか、その判断をしてもらう。あとは、まず私は肌がきれいであったほうがよいと思っているので、日々のスキンケアも。ただどうしても、本来その人に合ったやりかたでないこともあるので。そういう日々のスキンケアが、まず第一。

筆者：スキンケアですね。

服部氏：あとは、今こういうふうに医療が発達してきてますから、悩みにたいして、多少お金はかかってしまうけれども、改善できる方法もある。なので、そういうのはうまく使ったらよろしいんではないかと。それでハッピーになれるのであれば。そうですね、私は素肌美人がいいんじゃないかなと思っています。

筆者：素肌美人ですか、いい言葉ですね。それはおもに女性向けと思いますので、じゃあとくに男性向けのアドバイスはなにかありますか？

服部氏：男性も、素肌美人を目指すといいと思います。意外にシミとか色ムラをなくすと、すっきりするのかな、と思いますよね。

3・10　一生で大きな差になる——美容とは一言でいうと

筆者：先生にとって、家族ってどんなイメージでしょう？

服部氏：自分が住み慣れた場所かな、と思います。子どもとも喧嘩をしますし、主人とも喧嘩することもあるかもしれませんけど、わりとすぐ元に戻りますし。

筆者：では、先生にとって結婚というのは。

服部氏：うちの主人とは、一番自分がわがままをいわせてもらって、楽に居させてもらえる。なので、そういう意味でありがたいと思います。

筆者：恋愛っていうのはどうでしょうか？

服部氏：恋愛。そうですね、私はわりと、ガチャガチャするのは疲れてしまうので、穏やかでありたいですね。

筆者：そうなんですね。先生にとって皮膚科というお仕事は、どういうものでしょうか？

服部氏：今は美容がメインですけど、医者になったのが、人の悩みに寄り添えるというのが一番大きいので。今も皮膚科医として、美容のほうですけど、みなさんの悩みに寄り添えて、治療を提案して、改善していくことができるというのは、ひじょうにありがたいなあと思っていますね。

筆者：では、先生にとって美容というのはどうでしょうか？

服部氏：自分の悩みがあったとして、それが改善することで、1つの自信になるかもしれない。色んなことが必要ですけど、もしそこを重要視している人がいて、それは改善することでハッピーになるのであれば、ひじょうによいことではないかと思っています。

筆者：さいごに、先生にとって、幸せっていうのはどんなものでしょうか？

服部氏：難しいですね。

筆者：正解があるわけじゃありませんので（笑）。

服部氏：日々のなかで自分がそうキリキリせず、穏やかに過ごしていければ、それが一番よいかな、というふうに思っています。

4　まとめ

4・1　投資して素肌美人を目指す――仮説1の検証

このような語りから、仮説は検証されるだろうか。仮説1は「皮膚科医は、専門職として患者を容姿向上させるため、美容皮膚科での患者の美容活動を投資と考えるだろう」だった。もしこれが正しければ、インタビュー対象者は自分の仕事をとおして、患者が美容に投資していると認識しているはずである。

この仮説は、支持された。美容への投資という感覚があるかを対象者に質問したところ、「投資として、自分をきれいにみせておくっていうことのは、ある」と語った。つまり、患者が美容皮膚科を受診し、肌を改善することが、美しさへの投資であると認識されていた。投資の目的として、「恋愛がうまくいくとか、仕事だと信頼関係とか」がある、という。

では、どのような目的から、人は見た目に投資するのか。対象者によれば、若くみられたいとか、自分らしくありたいということは少ない。むしろ、「小ぎれい」でいることが、おもな目的となっていた。たとえば、「肌のくすみをちょっと明るくしたいとか、毛穴が気になりますとか、シミが気になりますとか、シワが気になります」というように、具体的にここをこうしたい、という希望が明確であった。とくに女性は、肌の状態が気分を左右するので、「毎日やっぱり絶好調の肌でい」ることが、大切であった。

対象者が勧めるのは、「素肌をよりよい状態に保っていけるような提案」である。つまり、美容外科であれば、手術によって劇的に変化させることができる。しかし、皮膚科はそうではない。むしろ「継続的にやっていく感じ」で、対象者は「素肌になったときのその質感ですとか、肌の明るさですとか、色ムラとかを重視して」いた。そのため、目指すべきは「素肌美人」であり、「現状維持」できるなら十分という立場であった。ただし、シミなど「肌の色と違うものがあることが、一瞬違和感を与える」ため、色ムラは改善することが推奨される。

なお、投資であるなら、その結果である見た目がどれくらい重要かと質問したところ、「ファーストインプレッションは大きいので、6割くらい、半分以上はある」と語る。つまり、人にとって第一印象はその後の信頼感を左右するので、見た目が60パーセントくらいを占めると考えられていた。

4・2　皮膚科医は人を幸せにする――仮説2の検証

仮説2はどうか。仮説2は「皮膚科医からみて、美容資本に多く投資する（投資レベルが高い）人ほど、多くの美容資本が維持・増殖され蓄積される（容姿レベルが高い）ため、家族形成、社会経済的地位、ウェルビーイングが向上する（回収レベルが高い）だろう」だった。仮説のとおりなら、皮膚科医にくる人ほどきれいになり、その結果恋愛や仕事がうまくいき、幸せなはずである。

この仮説は、一部支持された。美しさの変化については、最低の1点から最高の5点まで容姿レベルがあるとしたら、3・5点から「症状があった人は、やっぱり1は変わる」と語る。つまり、受診したときに3・5点だったとすると、治療によってシミなどの症状が改善したら、1点向上して4・5点ほどになる。

ぎゃくに、もしスキンケアをまったくしないと、ワーストシナリオとして「1点とか2点になる」こともあると語られた。つまり、最低の容姿レベルにまで、下降することがありうる。したがって、美容皮膚科で美容資本に投資すると容姿レベルが上昇し、なにも投資しないと下降しうることが確認できた。

つぎに、容姿レベルの上昇の効果はどうか。第一に恋愛や結婚への効果は、「相手にたいしてきれいにみせたいっていうのは」あると語られた。ただし、これは容姿レベルが向上した結果というより、恋愛や結婚がスムーズにいっているので、相手のためにきれいになりたい、その結果美しくなってさらにスムーズになる、といったほうがよいだろう。つまり、容姿レベルと恋愛、結婚は、一方向的な因果関係というより、相互促進的で双方向的な関連といえそうだ。

第二に仕事への効果については、どうか。男性なら「仕事で人に会うときに、ちょっとこう小ぎれいにしておきたい」ことがあると語られる。これも、どちらかといえば相互促進的で双方向的な関連だろう。つまり、仕事がスムーズにいっていると、容姿レベルを向上させようとし、その結果さらに仕事が順調になる、という連鎖が語られたといえる。

そうだとすれば、恋愛、結婚、仕事は容姿レベルの効果（結果）であるだけでない。むしろ、容姿レベルを押し上げる要因（原因）ともなりうる。

これらにたいし、第三のウェルビーイングへの効果は、明確に語られた。肌の状態がよくなることで、「喜ばれて、活動的になる」し、肌の悩みが改善されると「1つの自信になる」。その結果、「改善することでハッピーになる」ので、「幸福感は得られて」いる。このように、皮膚科医は、職業をとおして人びとを幸せにする、と認識されていた。

4・3　双方向的な関連の存在——リサーチクエスチョンへの回答

図3が、分析結果を要約している。以上から、リサーチクエスチョン「美容皮膚医療もおこなう皮膚科医は、美容皮膚科の患者の美容資本を蓄積させ容姿を向上させて、その結果仕事や幸福感などを向上させるのか。皮膚科医は、美容活動を投資とみなしているのか」に、つぎのように回答できる。

リサーチクエスチョンへの回答　皮膚科医は国家資格をもつ専門職として、美容皮膚科の患者の容姿を整える。ある皮膚科医の語りの分析から、美容皮膚科を受診して肌を改善することは、投資として認識されていた。美容皮膚科にくると、患者の容姿レベルが高まり、その結果として幸福感が促進されると

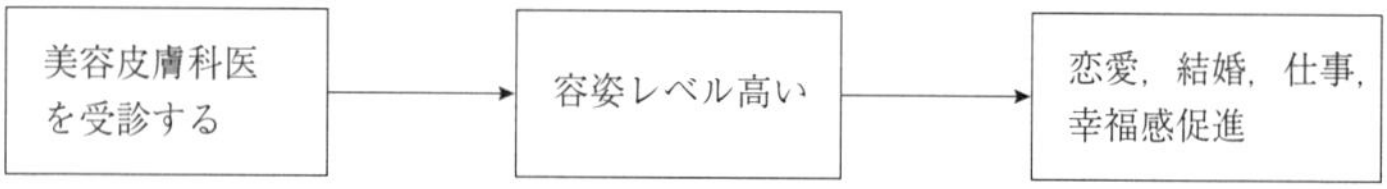

図3　分析結果の要約

注）矢印は因果関係を表す。仮説の検証結果より。ただし、恋愛、結婚、仕事は容姿レベルと双方向的な促進。

語られた。ただし、恋愛、結婚、仕事については、一方向的な因果関係というより、容姿レベルと相互促進的で双方向的な関連があると語られた。このように、美容資本の蓄積レベルが回収レベルへと因果的に連鎖するだけでなく、蓄積レベルと回収レベルが相互促進しうることがわかった。つまり、美容資本の蓄積と回収には、双方向的な関連もありうることが明らかになった。

なぜ、双方向的な関連がありえるのだろうか。対象者によれば、美容活動の目的は「素肌をよりよい状態に保」って「現状維持」することであった。そのために「継続的に」美容活動をし、最終的に「素肌美人」を目指すべきと語られた。

このように、美しさへの投資とは、美容整形のような大きな変容ではなく、むしろ日常の小さな、小さな積み重ねがイメージされていた。そのため、恋愛、結婚、仕事がスムーズであれば、それが生活にハリを与えて、美容活動へのモチベーションとなるのだろう。その結果、さらに恋愛、結婚、仕事がスムーズになるのであれば、好循環が生まれ豊かな生活を送れる——そうしたシナリオが、ここから示唆される。

4・4　途中乗車の可能性——理論上の意味

このように、皮膚科医は患者の容姿レベルをあげ、その結果幸せや自信につながった。したがって、この本全体の仮説1（序章）「美容活動して美容資本に多く投資する（投資レベルが高い）人ほど、多くの美容資本が維持・増殖され蓄積される（容姿レベルが高い）ため、多くの成果が得られて家族形成、社会経済的地位、ウェルビーイングが向上する（回収レベルが高い）だろう」のうち、美容資本の蓄積と、ウェルビーイングへの効果を、支持するエビデンスとなる。

ただし、美容資本の蓄積が、美容資本への投資によって促進されるだけではない。むしろ、（恋愛、結婚、仕事といった）美容資本の効果とも、蓄積が双方向的に促進されうることが、わかった。

たとえていえば、美容資本への投資から蓄積、回収までの因果関係が鉄道路線だとしよう。美容資本の理論によれば、レールは「投資駅」から「蓄積駅」そして「回収駅」まで、一本で一方向につながっているはずである。

このとき、因果関係が一方向で、列車に乗れるのは、いわば始発駅である投資駅からだけと想定されていた。しかし、この章の分析結果から、恋愛、結婚、仕事は容姿レベルの効果（結果）だけでなく、（順調であるため容姿レベルが上がり、その結果さらに順調になるという形で）要因（原因）ともなりえる。したがって、「恋愛駅」「結婚駅」「仕事駅」からも途中乗車でき、「蓄積駅」まで逆方向に戻る。そのご、ふたたび「回収駅」へと向かうことができた。

終章　美しさの本質と可能性

この章では、この本全体の分析結果をまとめる。美しさには、どのような因果関係があるのか――この本ではこの問題を検討してきた。各章での分析の結果、美しさに因果関係があり、あたかも1本の路線図のように、高い地位から積極的な投資、高い容姿レベル、高い回収レベルへと連鎖していた――これが、この本全体の結論である。美容を資本と捉えたため、美しさの本質は投資にある――これが、結論の理論的含意である。合理的な人ならば、美容に投資して、豊かな人生を目指すはずである――これが、結論の実践的含意となる。

1　美しさに因果関係がある――この本のまとめ

1・1　美しさの偏りは連鎖する――各章の分析結果の要約

この本では、人びとの美しさをめぐる因果関係を、解明してきた。章ごとの分析結果が、表1、表2に整理されている。では、各章でなにが明らかになったのか。

1章から6章までは、量的データであるアンケート調査が統計分析された。1章は、容姿レベルを、

表1　各章の分析結果の要約（統計分析の1～6章）

章	統計分析結果		理論上の意味	格差の存在
	独立変数	従属変数		
1	教育高い、体重少ない（女性のみ）	容姿レベル高い	容姿レベルに偏りがある	容姿レベルに美容格差がある
2	等価所得多い、美容は投資と思う	美容時間、美容支出多い	美容資本への投資が確認された	投資レベルに投資格差がある
3	美容支出多い	容姿レベル高い	美容資本への投資で美容資本が蓄積される	容姿レベルに美容格差がある
4	容姿レベル高い	恋人（男性のみ）、キス（男性のみ）、告白した（男性のみ）、告白された、結婚、子ども多い	美容資本への投資が恵まれた家族形成で回収される	回収レベルに家族形成格差がある
5	容姿レベル高い	教育年数、世帯年収高い	美容資本への投資が高い地位達成で回収される	回収レベルに地位格差がある
6	容姿レベル高い	幸福感、健康度、階層帰属意識高い	美容資本への投資が豊かなウェルビーイングで回収される	回収レベルにウェルビーイング格差がある

注）独立変数は、従属変数にたいして回帰分析で有意な効果をもったもののみ。

表2　各章の分析結果の要約（インタビュー分析の7～9章）

章	対象者	語りの分析結果	理論上の意味
7	キャバクラ嬢	美容整形がキャバクラ嬢に特有である	職業によって美容活動に偏りがある
8	美容師	美容師は美しさをとおして恋愛、仕事、幸福感を促進する	美容格差が拡大されうる
9	皮膚科医	皮膚科医は美しさをとおして恋愛、仕事、幸福感を促進する	美容資本の蓄積と回収には双方向的促進がありうる

美容資本の蓄積として分析した。分析結果から、人びとの容姿レベルは平等ではなく偏りがあった。したがって、人びとのあいだに容姿レベルの「美容格差」が存在した。なお、教育が高い人ほど、また体重が少ない人ほど（女性のみ）、容姿レベルが高かった。

2章は、社会経済的地位から美容資本への投資への因果関係を、分析した。分析結果から、等価所得が多い人ほど、また「美容は投資だ」と思う人ほど、美容時間が長く、美容支出が多かった。したがって、人びとはたしかに美容資本に投資し、多様な美容活動をしていることが、確認された。なお、その結果として、社会経済的地位と意識によって人びとのあいだに美容資本への「投資格差」が存在した。

3章は、美容資本への投資（投資レベル）から蓄積（容姿レベル）への因果関係を、分析した。分析結果から、美容支出が多い人ほど、容姿レベルが高かった。したがって、美容資本への投資は美容資本の蓄積へと連鎖した。なお、その結果として、投資格差によって人びとのあいだに容姿レベルの「美容格差」が存在した。

4章から6章は、美容資本への蓄積（容姿レベル）から効果（回収レベル）への因果関係を、分析した。

4章は、家族形成への因果関係を調べた。分析結果から、容姿レベルが高い人ほど、恋人（男性のみ）、キス（男性のみ）、告白すること（男性のみ）、告白されること、結婚、子どもが多かった。したがって、美容資本への投資が（恵まれた家族形成という形で）回収へと連鎖した。なお、その結果として、美容格差によって人びとのあいだに「家族形成格差」が存在した。

5章は、社会経済的地位への因果関係を調べた。分析結果から、容姿レベルが高い人ほど、教育も、世帯年収も高かった。ただし、職業への影響はなかった。したがって、美容資本への投資が（限定的とはいえ高い地位達成という形で）回収へと連鎖した。なお、その結果として、美容格差によって人びとのあいだに「地位格差」が存在した。

6章は、ウェルビーイング（善き生）への因果関係を調べた。分析結果から、容姿レベルが高い人ほど、幸せで、健康で、階層帰属意識が高かった。したがって、美容資本への投資が（豊かなウェルビーイングという形で）回収へと連鎖した。なお、その結果として、美容格差によって人びとのあいだに「ウェルビーイング格差」が存在した。

では、こうした統計分析結果は、質的データであるインタビュー調査の結果と一致するのか。そこで、7〜8章で、人びとの語りを分析した。7章は、キャバクラ嬢を事例とした。分析結果から、美容整形がキャバクラ嬢に特有の美容活動だった。したがって、職業によって美容活動に偏りがあった。

8章は、美容師を事例とした。分析結果から、美容室にくると客の容姿レベルが高まり、恋愛、仕事、幸福感が促進された。したがって、美容資本の因果関係のなかで、美容格差が拡大される可能性が、示唆された。

9章は、美容皮膚医療もおこなう皮膚科医を事例とした。分析結果から、患者の容姿レベルが高まり、幸福感が促進された。ただし、恋愛、結婚、仕事においては、美容資本の蓄積と回収が一方向的な因果関係ではなく、双方向的に促進される可能性が示唆された。

このように、美容資本への投資レベル、美容資本の蓄積レベル、美容資本からの回収レベルが、それぞれ偏っていて、しかも因果関係となって連鎖していることが、各章の分析からわかった。つまり、美しさには因果関係があり、美しさの偏りが連鎖していた。

ただし、こうした因果関係は部分的であり、となりあうレベルどうしのあいだに限定される。たとえば、2章では高い地位が積極的な投資を促進し、3章ではそれが高い容姿レベルを促進することがわかった。いわば、隣りあう2つの駅のあいだが部分部分でつながり、因果関係として局所的に連鎖していることが、各章の分析でわかった。こうした知見を、つぎのように整理していこう。

知見1（部分での美しさの因果関係） 各章の分析結果から、美容資本への投資レベルが美容資本の蓄積レベルの要因となり、それが美容資本からの回収レベルの要因となって、因果関係として連鎖していた。

1・2　美容資本の路線図——この本全体の分析結果の要約

では、メカニズム全体として地位から投資、蓄積をへて回収までの因果関係をみわたしたとき、どうなのだろうか。1つの連鎖になって、いわば1本の路線のようにつながるのだろうか。それとも、全体としてはどこかで断絶があったり、循環したりするなど、1つの連鎖にはならないのだろうか。

そこで、章ごとの分析結果を1つにまとめたものが、図1となる。矢印は、各章で明らかになった因果関係を表す。

章ごとの分析結果を、そうした因果関係にそって整理すると、表3となる。この表では、「美容資本への投資」が「美容資本の蓄積」の要因となり、さらに蓄積が「美容資本からの回収」の要因となる、という形で、因果関係が想定されている。

図1が、この本全体の分析結果をよく表している。このように、美容資本の因果関係は、「高い地位」

表3　美容資本の因果関係についての、分析結果の要約

	容姿の要因（原因）	→容姿の実態	→容姿の効果（結果）
理論枠組み	美容資本への投資（投資レベル）	美容資本の蓄積（蓄積レベル）	美容資本からの回収（回収レベル）
操作的定義	美容時間、美容支出	容姿レベル	家族形成、地位、ウェルビーイング
仮説	高い投資レベル	高い容姿レベル	高い回収レベル
分析結果（章）	高い地位ほど投資多い（2章）	投資多いほど容姿レベル高い（3章）	容姿レベル高いほど家族形成恵まれる（4章）、地位高い（5章）、ウェルビーイング豊か（6章）
帰結する格差	投資格差	美容格差	家族形成格差、地位格差、ウェルビーイング格差

注）矢印は因果関係を表す（要因から実態、実態から効果は因果関係）。仮説はこの本全体の仮説1より。

から「積極的な投資」をへて「高い容姿レベル」へと、一本で連鎖していた。つまり、ここまでは一本の路線となっている。

ところが、容姿レベルからは3本に分岐し、「恵まれた家族形成」「高い地位」「豊かなウェルビーイング」という3つの効果へとわかれた。いわば、途中までは1本の路線だったが、ここから分岐して、終着駅が3つある――これが、「美容資本の路線図」であるといえよう。そこで、美容資本のメカニズム全体について、つぎのように整理できる。

知見2（メカニズム全体における美しさの因果関係）
各章の分析結果をまとめると、高い地位から美容資本への高い投資レベル、さらに美容資本の高い蓄積レベル、さらに美容資本からの高い回収レベルへと、因果関係となって連鎖していた。ただし、蓄積レベルから回収レベルでは、恵まれた家族形成、高い地位、豊かなウェルビーイングへと分岐していた。

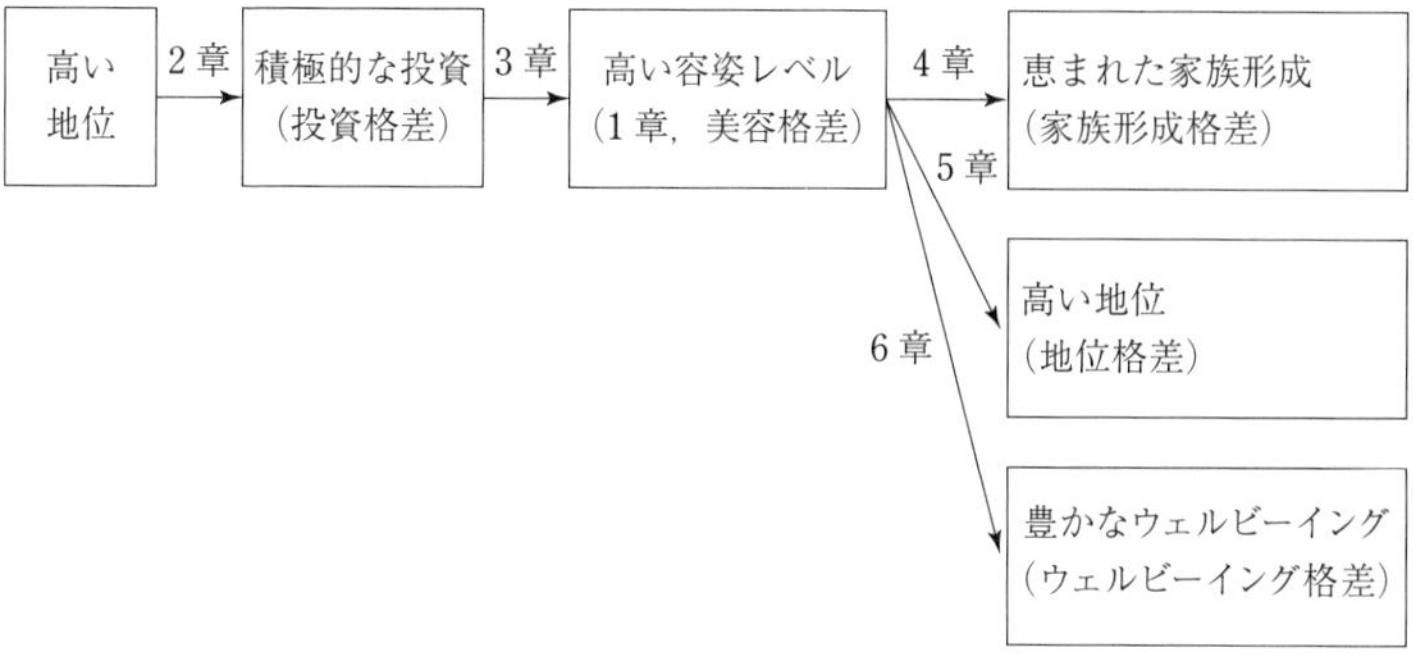

図1　各章の分析結果の要約（美容資本の路線図）

注）矢印は因果関係を表す。章番号は検証された章を、かっこ内はそこでの格差を表す。投資格差の要因「高い地位」は収入についてのみ支持された。地位格差は教育と収入についてのみ支持された。ウェルビーイング格差は幸福感、健康度、階層帰属意識についてのみ支持された。

それでは、男女でこの因果関係が共通なのだろうか。1～6章では、すべてにおいて男女別の統計分析もおこなってきた。たしかに、いくつかの分析で男女に違いがあった。たとえば、体重が少ないほど容姿レベルが高いのは女性のみであった（1章）。容姿レベルが高いほど、恋人、キス、告白することが多かったのは、男性のみであった（4章）。

しかし、これ以外ではすべて、男女で同じ結果となった。したがって、美容資本をめぐる因果関係は、男女のあいだでおおむね異ならないといえよう。そこで、つぎのようにまとめられる。

知見3（男女の違い）　美容資本をめぐる因果関係は、男女のあいだでおおむね違いがなかった。ただし、1章の分析結果から、女性のみで体重が少ないほど容姿レベルが高かった。4章の分析結果から、男性のみで容姿レベルが高いほど恋人、キス、告白することが多かった。

1・3　地位から投資、蓄積、回収への連鎖——仮説の検証結果

ここから、この本全体の2つの仮説は、どのように検証されるだろうか。

まず、この本全体の仮説1（美容資本への投資、蓄積、回収の因果関係）は、美容資本をめぐる因果関係を予想し、「美容活動して美容資本に多く投資する（投資レベルが高い）人ほど、多くの美容資本が維持・増殖され蓄積される（容姿レベルが高い）ため、多くの成果が得られて家族形成、社会経済的地位、ウェルビーイングが向上する（回収レベルが高い）だろう」と想定された。このうち、投資レベルが美容資本の要因、容姿レベルが実態、回収レベルが効果を表す。これは、つぎのように検証された。

この本全体の仮説1の検証結果（美容資本への投資、蓄積、回収の因果関係）　知見1から、支持された。しかも、8章の分析結果から、美容格差が加速し拡大する可能性があった。ただし、9章の分析結果から、蓄積から回収への因果関係がかならずしも一方向ではなく、双方向的である可能性があった。

つづいて、この本全体の仮説2（社会経済的地位による偏りの連鎖）は、仮説1のさらに要因を予想し、「社会経済的地位が高い人ほど、合理的なため、美容活動して美容資本に多く投資するだろう（投資格差）。その結果、多くの美容資本が維持・増殖され蓄積される（美容格差）ため、多くの成果が得られて家族形成、社会経済的地位、ウェルビーイングが向上する（家族形成格差、地位格差、ウェルビーイング格差）だろう」と想定された。つまり、仮説1が成り立ったとして、それは社会経済的地位が高いためだろうと見通しをつけた。これは、つぎのように検証された。

この本全体の仮説2の検証結果（社会経済的地位による偏りの連鎖）知見2から、支持された。ただし、7章の分析結果から、職業によって美容活動が異なることが示唆されたため、美容資本への投資には職業による偏りがあった。

このように、社会経済的地位の違いが、美容資本をとおして美しさの因果関係を引き起こし、格差が連鎖することが、この本全体で解明された。つまり、美しさに因果関係があり、あたかも1本の路線図のように、高い地位から積極的な投資、高い容姿レベル、高い回収レベルへと連鎖していた——これが、この本全体の結論となる。

2　投資が美容の本質——美しさの本質

2・1　投資によるライフチャンス拡大——リサーチクエスチョンへの回答

以上から、この本全体のリサーチクエスチョンについて、つぎのように回答することができるだろう。リサーチクエスチョン（美容の因果関係）は「美容は、どのような因果関係をもつのか。とくに、人びとのあいだで美しさ（容姿レベル）に差があるのか（美容の実態）。あるとしたら、それはなぜか（美容の要因）。美しさの差が、どのように人びとに影響しているのか（美容の効果）」であった。

この本全体のリサーチクエスチョンへの回答（美容の因果関係）　美容を資本と捉えると、美容の本質とは「美しさへの投資」であり、美容活動とは美容資本への投資とみなせる。容姿レベルには差があり、地位が高い人ほど美容資本に投資し（積極的に美容活動し）、そうした人ほど容姿レベルが高く（美しく）、そうした人ほど家族形成、社会経済的地位、ウェルビーイングが向上した（恋愛・結婚・出産しやすく、金持ちで、幸せだった）。このように、人びとの美しさには因果関係があり、美容資本への投資が人びとのライフチャンス（生き方の幅、選択肢）を拡げ、豊かなライフスタイルへと連鎖していた。

なぜ人は「見た目」を意識するのか――これがこの本の出発点であった。分析の結果、美容を資本と捉えると、人びとの美容活動は美容資本への投資であり、見た目とはその結果である――このことが解明された。さらに、見た目がよいと、モテて、金持ちになり、幸せになるチャンスが増えることが明らかになった。そうであるなら、投資すればライフチャンスが拡がり、その結果豊かなライフスタイルを送ることが期待できるだろう。

2・2　美容とは投資である――美容の本質はなにか

では、こうした結果から、美容の「本質」はなにであるといえるだろうか。この本では、仮定1で「美容資本へ多くの投資がされると、多くの美容資本が蓄積され美しさが向上する」と想定した。この仮定に基づいて、この本では美しさの因果関係を1つ1つ検証したところ、おおむねどの仮説も支持された。

そのため、「人びとは美しさに投資する」という仮定は、すくなくとも明らかに誤っているとはいえない。むしろ、正しい可能性が高いはずだ。そこで、つぎのような理論的含意を、引きだすことができよう。

理論的含意（美容の本質）　美容を資本と捉えると、美容の本質とはそこに投資できることにある。人びとは美しさに投資することで、容姿レベルを向上させることができる。さらにその結果として、家族形成、社会経済的地位、ウェルビーイングなどを向上させ、ライフチャンスを拡大させることができる。

2・3　コクと深み――先行研究との比較

この本の知見は、先行研究と比較するとどのように位置づけられるのか。

第一に、理論的には、この本は合理的選択理論の立場から、美容を「資本」として概念化した。そうすることで、美しさが投資の対象で、そのためコントロール可能であり、他の価値を促進するものとみなせた。なるほど、先行研究でも美しさは、「官能資本」や「外見資本」として概念化されてきた。とはいえ、投資から蓄積、そして回収への因果メカニズムが理論的に整理され、経験的に実証されたのは、この本がはじめてである。

その結果、「美容の本質は投資である」ことが、合理的選択理論を用いることではじめて解明できた。さらに、資本として概念化することで、理論枠組みが明確になり、人的資本、社会関係資本、文化資本など他の資本概念と、比較させることが可能となる。

第二に、方法的には、この本は混合研究法を採用し、量的データ（アンケート調査）の統計分析を、質的データ（インタビュー調査）の語りの分析と統合した。先行研究では、どちらかのみをエビデンスとして用いてきた。

この本は、りょうほうを用いた結果、ともすればのっぺりと平坦になりがちな統計分析に、インタビュー分析による重層的で現実的な味付けができた。結果の解釈に、コクと深みが加わったはずである。ただし、1〜6章の統計分析で、データの制約から複数の異なるデータセットを使用せざるをえなかった。もし1つだけで分析できれば、より一貫性のある推論ができたことだろう。

3　投資して増やす——美容資本の可能性

3・1　努力から成果への橋渡し——美容の役割はなにか

美容にはどのような可能性があり、どのようなことを我われの日常生活に活かせるだろうか。

この本では、美しさが人びとのあいだで平等ではなく、偏りがあり、美容格差があることが明らかになった。しかも、そうした偏りは、（地位から投資、そこから容姿レベル、そこから家族形成などへと）つぎつぎつながり、格差が因果的に連鎖していた。

このように、美しさの偏りが連鎖することから、我われの生活において美容の存在は小さくない。むしろ、美しさの役割を過少評価するべきではなく、無視することはできないはずである。無視したらどうなるか。4〜6章の統計分析から、気づかないうちに恋愛や仕事や幸せのチャンスを、逃してしまうかもしれない。8章では美容師が、美容活動に熱心かどうかで「一生で大きな差になる」と語っていた。そこで、つぎの実践的含意が引きだせる。

実践的含意1（美容の重要性） 美容活動とは美しさへの投資なので、投資することでライフチャンスが拡大する。したがって、美容の役割を無視するべきではない。

では、どうすればよいか。見た目が麗しくないと、なにも希望がないのだろうか。生まれつきハンサムや美人でないなら、恋愛できず、結婚できず、よい仕事に就くことがなく、幸せになれないのだろうか。そうではない。美しさを「資本」と捉えたため、むしろ容姿は「努力」で変えられるものと再定義された。じっさい、3章の分析結果から、美容への投資が多い人ほど容姿レベルが高かった。そのうえ、そうした人は恋愛や仕事や幸福感が向上していたので、美しさが努力をそれらへと「橋渡し」したといえる。

ぎゃくに、ハンサムや美人なら、勝ち組でいいことだらけであり、苦労なく人生バラ色となるのだろうか。これも、そうではない。3章の分析結果は、美容への投資が少ないと、容姿レベルが下がることも、どうじに意味する。つまり、生まれつきの特権があったとして、そこにあぐらをかいていると、手痛いしっぺ返しが待っている。9章の皮膚科医によれば、毎日のスキンケアを怠ると極端な場合、容姿レベルが5段階で3点や4点の人でも、最低の1点になりうるという。こうして、つぎの実践的含意を導出できる。

実践的含意2（美容の役割）　美しさは、美容活動への投資という努力を、家族形成や地位達成や幸福感などへと橋渡しする。

このように、この本の知見はルッキズム（容姿による差別）を乗りこえるヒントを、我われに提供する。美しさは、けっして生まれつきでも、固定したものでもない。むしろ、努力によって変更可能なものであることが、データから明らかになった。

3・2　投資で豊かな人生へ——メッセージ

それでは、我われは美容にどう向かいあうとよいのだろうか。美しさは投資の対象であり、恋愛や地位や幸せで回収できることが、この本で示された。7章のキャバクラ嬢によれば、投資にたいして10倍の収入増があった。そこまでは難しいとしても、効率的に投資分を回収できる可能性がある。

そのため、もし合理的な人であるならば、美容に投資しないのは、もったいない。分析結果から、投資すればライフチャンスが拡大し、豊かな人生を送れることが、高い確率で期待できた。あたかも株に投資して資産を増やすように、美しさに投資する——容姿は、いわば手堅い投資対象といえる。

そのため、美しさを無視したり敵視したりするのではなく、味方につけて、うまく利用することが合理的であろう。図2は、マンガ『ドラゴンボール』のなかで、武道家である武天老師が孫悟空らに修行をスタートするにあたり、修行の意義を説く場面である。

図2　人生をおもしろおかしく、はりきって過ごしてしまおう

注）出典：鳥山明、2003、「牛乳配達」『ドラゴンボール』3巻、集英社、11ページ。「人生をおもしろおかしく、はりきって過ごしてしまおう」は、武道家である武天老師のセリフ。

このように、ふだんは不真面目な武天老師（亀仙人）が、めずらしく真剣な顔つきで「武道を学ぶことによって（中略）それによって生まれた余裕で、人生をおもしろおかしく、はりきって過ごしてしまおうというものじゃ！」と力説する（ただし、孫悟空が理解できなかったため、「ようするに、いっしょうけんめい修行して、人生を楽しくくらしちゃおうということだ」と言い換えると、納得された）。

武天老師によれば、武道をマスターすることで余裕ができ、人生が豊かになる。美容への投資も、これとおなじように、人生を豊かにするかもしれない――これが、美容の可能性といえる。したがって、つぎのような実践的含意をメッセージとして提案できよう。

実践的含意3（美容の可能性）　美しさが資本であるからには、増やすことができる。そのため、合理的な人ならば、美容に投資して、豊かな人生を目指すはずである。

4　Q&A（一問一答）

4・1　美容の因果関係について

さいごに、この本の分析結果を、Q&A（一問一答）の形でまとめておこう。

Q1　この本で、なにが解くべき問題だったのか。

A　なぜ人びとは「見た目」を意識するのかを、出発点とした。これをより明確化したのがリサーチクエスチョンであり、美しさの要因（原因）と効果（結果）を、因果関係として解明することを課題とした。

Q2　なにがわかったのか。

A　美しさには原因と結果があり、因果関係があった。つまり、収入が多かったり美容意識が高かったりする人ほど美しさに投資し（美容資本への投資レベルが高い）、そうした人ほど美しく（美容資本の蓄積レベルが高い、つまり容姿レベルが高い）、そうした人ほど結婚していたり、収入が多かったり、幸せだった（美容資本からの回収レベルが高い）。これらの前提として、美しさが人びとのあいだで平等ではなく、偏りがあることもわかった。

Q３　そのために、なにをどのように調べたのか。

A　量的データとして、1～6章で２０１８年社会階層とライフコース全国調査、２０１８年嗜好品と豊かさや幸福に関する調査、２０１９年暮らしについての西東京市民調査という3つのアンケート調査を、統計分析した。そのあと、質的データとして、7～9章で美容についてのインタビュー調査を用い、美容関係者３人（キャバクラ嬢、美容師、皮膚科医）を事例として、語りを分析した。

Q４　美しさを、どのように測ったのか。

A　この本では、（髪形やメイクを含む）顔に着目し、服装や体型は美しさの評価に含めなかった。これは、事前の調査や先行研究で、顔がその人の容姿を、もっともよく表していると判断したからである。そのうえで、２０１８年社会階層とライフコース全国調査、２０１８年嗜好品と豊かさや幸福に関する調査では、調査対象者の容姿レベルを調査員が、0下から10上まで11段階で評価した（1、4～6章）。２０１９年暮らしについての西東京市民調査では本人が、1まったくハンサム、美人でない20％から5もっともハンサム、美人な20％まで5段階で評価した（3章）。こうした自己評価でも、筆者の研究によれば、他者からの評価とおおむね一致する（コラム1参照）。

Q５　そのとき、美しさの基準は人それぞれのはずなのに、どうして共通の評価ができるのか。

A　これまでの研究から、ある人の容姿レベルは、だれが評価してもおおむね一致することがわかっている。したがって、人びとは美しさの基準を、なんとなくではあっても共有しているので、共通の評価ができるのである。

Q6　インタビューは、美容関係者より一般の人にしたほうが、人びとの考え方がわかるのではないか。

A　そうではない。アンケート調査で全国2千人以上を調べたので、多くの人の考え方はこれでカバーできる。インタビューではむしろ、アンケート調査だと網から漏れてしまうような人びとを、あえて対象とした。たしかに、対象者の3人は美容意識がきわめて高く、全体からすると偏っていただろう。そのため、極端で尖った考え方や経験が、語られがちであった。しかし、それゆえにかえって「美容意識の高い人の典型」となり、美しさの本質が浮き彫りになったはずである。

4・2　美容の本質、可能性について

Q7　分析の結果、美容の本質とはなにだったのか。

A　美しさを資本として捉えたうえで（定義5）、仮説を立てた。その結果、仮説はどれもおおむね支持された。したがって、美容の本質とは、人びとが資本としてそこに「投資すること」にあったといえる。

Q8　では、美容に投資すると、どれだけきれいになるのか。

A　美容の時間を4グループに分けたとき、もっとも少ないグループ（0～5分）からもっとも多いグループ（30分以上）になると、1～5点の5段階容姿レベルが0・5点上がった。美容への支出

が、同じくもっとも少ないグループ（0〜千円）からもっとも多いグループ（1万円以上）になると、0・7点上がった（3章）。

Q9　きれいになると、どれだけメリットがあるのか。

A　11段階の容姿レベルを4グループに分けたとき、もっとも低いグループ（0〜4）からもっとも高いグループ（7〜10）になると、恋愛では（15歳から初婚までの）恋人が1・5倍増え、キスが1・7倍増え、1・5倍多くの人に告白し、1・8倍多くの人から告白された（4章）。結婚では、経験率が2・7パーセント増えた。仕事では、正規雇用の割合が10・2パーセント増え、無職が7・6パーセント減った。収入では、世帯年収が147・6万円増えた（5章）。ウェルビーイングでは（11段階のうち）、幸福感が0・9、健康度が1・1、階層帰属意識が0・3上がった（6章）。

Q10　では、生まれつきハンサムや美人でないと、モテず、金持ちになれず、幸せになれないなど、希望がないのか。

A　そうではない。この本では美しさを「資本」と捉える。そのため、容姿は生まれつきではなく、むしろ「努力」で変えられるものとみなされた。じっさい、3章の分析結果から、美容への投資が多い人ほど容姿レベルが高かった。

Q11　どれだけ美容活動に投資すればよいのか。投資しなくてはいけないのか。

A　統計分析によれば、投資が多いほどきれいになった（3章）。たしかに、現実には時間や収入といった限られた資源を、美容だけでなく仕事、生活、趣味などにバランスよく配分する必要があるだろう。とはいえ、「容姿は生まれつきで変わらないから」とか「努力しても無駄だから」と考えて諦めた結果、美容活動をなにもしない――これは避けるべきシナリオだ。皮膚科医が、「なにもしないと容姿レベルがどんどん低下する」と語ったように（9章）、現状維持すらできない危険がある。

Q12　美容に投資してきれいになるといっても、限界があるのではないか。

A　たしかにそうかもしれない。それでも、美容活動をすれば、かくじつに容姿レベルが上がる（3章）。その結果、モテたり、金持ちになったり、幸せになったりするチャンスが拡がった（4〜6章）。

Q13　投資するなら、まずなにから始めたらよいのか。

A　7〜9章のインタビューで、美容の専門家たちが共通して、男女とも「清潔感が不可欠だ」と語っていた。これはけっして難しいことではないはずだ。周囲に不快感を与えることがないよう、ひげを剃る、歯磨きをするなど、最低限の身だしなみを整えることから、スタートしてはどうだろうか。なお、（この本では紹介できなかったが）エステティシャン、美容部員、美容メーカーといった美容関係者にインタビューすると、ほぼ例外なく「日焼け止めだけは欠かさない」と語る。また、1章の分析結果から、体重が少ないほど容姿レベルが高かったことも、参考になるかもしれない（女性のみ）。

Q14　スキンケアとメイクのうち、どちらに力を入れるべきなのか。

A　この本の分析では、これに明確に答えることはできない。ただ、美容関係者へのインタビューではおおむね、スキンケアがあってこそ、メイクが活きると語られる。肌の白さはどうか。筆者がインドネシア人を統計分析したところ、肌が白い人ほど、容姿レベルが高いと評価されていた（コラム4参照）。

4・3　実践的含意について

Q15　男女で、美容の役割が異なるのではないか。

A　素朴に考えるとそう思うが、統計分析では違いがほとんどなかった。知見3（男女の違い）にあるとおり、女性のみで、体重が少ないほど容姿レベルが高かった。男性のみで、容姿レベルが高いほど恋人、キス、告白することが多かった。それ以外では、差がなかった。したがって、男女の美しさは、おおむね同じようなメカニズムをもっていた。

Q16　ハンサム、美人が得をするといわれても、それは当たり前ではないのか。なにが新しいのか。

A　たとえ当たり前に思えたとしても、それが本当とは限らない。この本では、実証データを用いて、エビデンスに基づいて因果関係を検証した。アメリカ社会などで、これまで美しさの原因や結果が分析されてきたが、原因から結果まで一貫して解明されたのは、この本がはじめてである。

Q17　美しさはとても個人的なことなのに、なぜ社会学的に研究する必要があるのか。

A　なるほど美容は、一見すると個人的なことのように思える。しかし、「なにを、どれくらい美容活動するべきか」といった規範意識は、周囲の人やメディアに影響されて形成されることだろう。さらに、容姿が恋愛、結婚、仕事などを左右するなら、そこで必然的に他人が関わる。このように、美容の役割は社会のなかで定まっていく。

Q18　この本は美容資本の理論に基づいて分析されているが、なぜ理論が必要なのか。

A　たしかに、抽象的な一般理論がなくても、データをもとにすれば、美容についてある程度記述することができる。しかし、理論がないと、「なぜそうなっているのか」という一貫したストーリーを、手にすることができない。いわば、地図なしに旅に出るようなものである。その結果、得られた知見がどこまで一般化できるのかも、不明なままとなる。たとえば、日本社会に特有なのか他国でも同じなのか、美容に特有なのか人間関係一般でも同じなのか、などを検討するには、どうしても一般理論が欠かせない（インドネシアについてはコラム4参照）。

Q19　美容は、資本として以外に考えてはいけないのか。

A　そうではない。この本では、美容を資本として捉えたが、これは1つのストーリーにすぎない。もしかしたら、まったく別のストーリーもありうるだろう。

Q20　美容の本質が投資だとして、だからどうだというのか。

A　美しさが資本であり、投資できるなら、それは生まれつき決定されたものではなく、努力すれば変更できるということだ。そのため、実践的含意3（美容の可能性）で、あたかも株に投資して資産を増やすように、美しさに投資してきれいになることが提案された。

Q21　人びとの美しさが平等ではなく、格差があるなら、ルッキズム（容姿による差別）を正当化することになるのではないか。

A　そうではない。これまでは、美しさにどれほどの違いがあるのかすら、わかっていなかった。この本は、差別があるとすればそれを解消するための基礎データを、提供する。

Q22　美しさに因果関係があり、格差が連鎖するなら、それは平等を目指す近代社会の理念に相反するのではないか。

A　かならずしもそうではない。近代社会は、すべてにおける平等を目指すわけではない。むしろ、機会（スタート地点）が平等であれば、結果（ゴール地点）の不平等は受けいれるべきであるとされる（ただし、あまりに過酷な不平等は許容されるべきでなく、セーフティネットが必要となる）。たしかに、美しさ（容姿レベル）は平等ではなく、散らばりがあった（1章）。すると、問題は機会の平等が、美しさについて保証されているかどうかである。もし保証されていたとしたら、しかし、こんどは容姿レベルという結果がすべて「本人の責任」となる。そのため、容姿にもとづく差別が正当化できてしまう。さらなる探求が必要だろう。

Q23　この本では、なぜ「リサーチクエスチョン」や「仮説」が、わざわざ改行されているのか。

A　推論の重要なステップを目立たせて、ロジックを可視化するためである。あいまいさが減る。数学でしばしば使用される。

Q24　この本で解明できなかったことは、なにか。

A　美しさをめぐる因果関係について、ある程度解明された。しかし、親の容姿との関連（世代間継承という）や、国、時代ごとの違いは、データの制約から分析できなかった。理論的には、美容資本は人的資本の1つとされた（定義5）が、社会関係資本や文化資本との関連を解明するには至らなかった。

コラム1　容姿レベルの自己評価は、他者からの評価と一致するのか

2章と3章では、容姿レベルを自分で評価した「自己評価」を用いた（5段階容姿レベル）。これは、しかし、1章、4〜6章で使用したような、他者からの評価と、ほんとうに一致するのだろうか。

そこで、筆者は「容姿の自己評価は他者からの評価と一致するのか」という論文で、20歳代の男女20人を対象として、比較をおこなったことがある（小林 2017b）。

まず、対象者に、「かりに現在の日本社会が、ルックス（顔）で上から下まで次のようなグループに分かれるとすれば、人びとはあなたをどれに入れそうですか（○は1つ）」と質問し、1下から10上まで10点のなかから自己評価してもらった（図1左がその様子）。

つぎに、まったく無関係な20〜60歳代16人に、対象者の顔写真をもとに「かりに現在の日本社会が、ルックス（顔）で上から下まで次のようなグループに分かれるとすれば、人びとは以下の方をどれに入れそうですか（○はそれぞれ1つ）。可能なかぎり、それぞれ評価を変えてください。アからトまで20人いますので、全員を見てから記入してください」と質問して、他者評価をおこなってもらった（図1右がその様子）。

結果はどうだっただろうか。図2が、20人のうち2人を紹介している。このように、左の男性では自己評価が5点なのにたいし平均他者評価が6・8点だったので、自己評価がやや低かった。右

図１　自己評価のデータ収集の様子（左）、他者評価のデータ収集の様子（右）
注）出典：小林（2017b）。右はブリーフィング時。許可を得て掲載。

の女性では、自己評価６点で平均他者評価６・１点だったので、近かった。

20人全員では、相関係数が０・５２０で、５パーセント水準で有意な関連があった。つまり、自己評価が高い人ほど、他者からの評価も高かった。図３が、自己評価グループ別に他者評価の平均がどう異なるかを報告する。このように、自己評価が上がると、他者評価も上昇することがわかる。以上から、容姿レベルの自己評価は、

図２　自己評価、平均他者評価の例
注）出典：小林（2017b）。評価の範囲は１下〜10上。左の自己評価は５点、平均他者評価は6.8点。右の自己評価は６点、平均他者評価は6.1点。許可を得て掲載。

他者からの評価とおおむね一致するといえる。

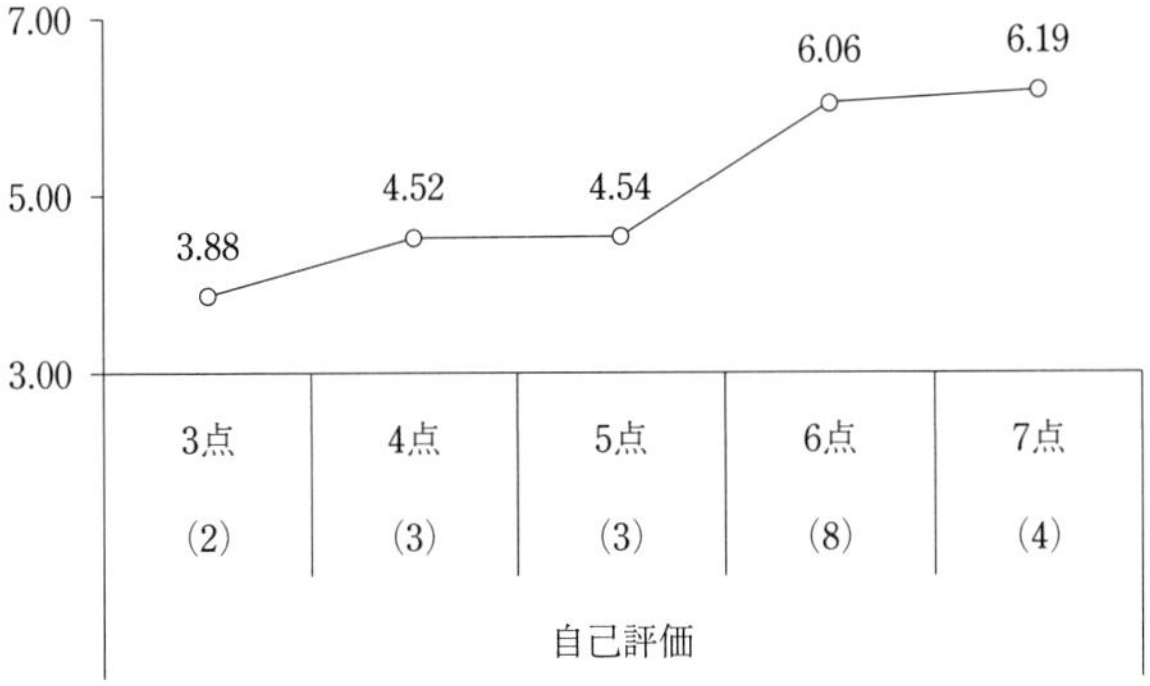

図 3　容姿レベルの自己評価別の平均他者評価

注）出典：小林（2017b)。N=20。かっこ内は人数。評価の範囲は 1 下～ 10 上。分散分析で有意な差がなかった。

コラム２　人は見た目が何パーセントか

見た目は、何パーセントほど重要なのだろうか。しばしば、人は見た目が～パーセントといわれる。では、実際のところ、人びとはどう考えているのだろうか。

そこで、筆者は２０１９年暮らしについての西東京市民調査で、「一般に、人は『内面』とくらべて『見た目』が何パーセントくらい、大切だと思いますか（○は１つ）」と質問した（調査の概要は序章参照）。選択肢は、内面がすべてから、10パーセントきざみで10パーセント、20パーセント、…、90パーセント、見た目がすべてとした。

結果はどうか。図１が分布を表す。このように、ちょうど半々という50パーセントがもっとも多く、70パーセント、80パーセントが続いた。

平均は５・81、標準偏差は１・86だった。パーセントにすると、人は見た目が58・１パーセントくらいだと考えられていた。残り41・９パーセントが、その結果、内面ということになる。

したがって、人びとはおよそ見た目が6割、内面が4割くらいを占めると認識していることになる。6割というのは、多いと感じるだろうか、それとも意外と少ないだろうか。

この58・１パーセントという平均は、男女、年齢、婚姻状態、教育、従業上の地位、収入が異なっても、違いがなかった。つまり、人びとはびっくりするほど、見た目のウェイトについて下位グループのあいだで考えを共有している——このことが、データから明らかになった。

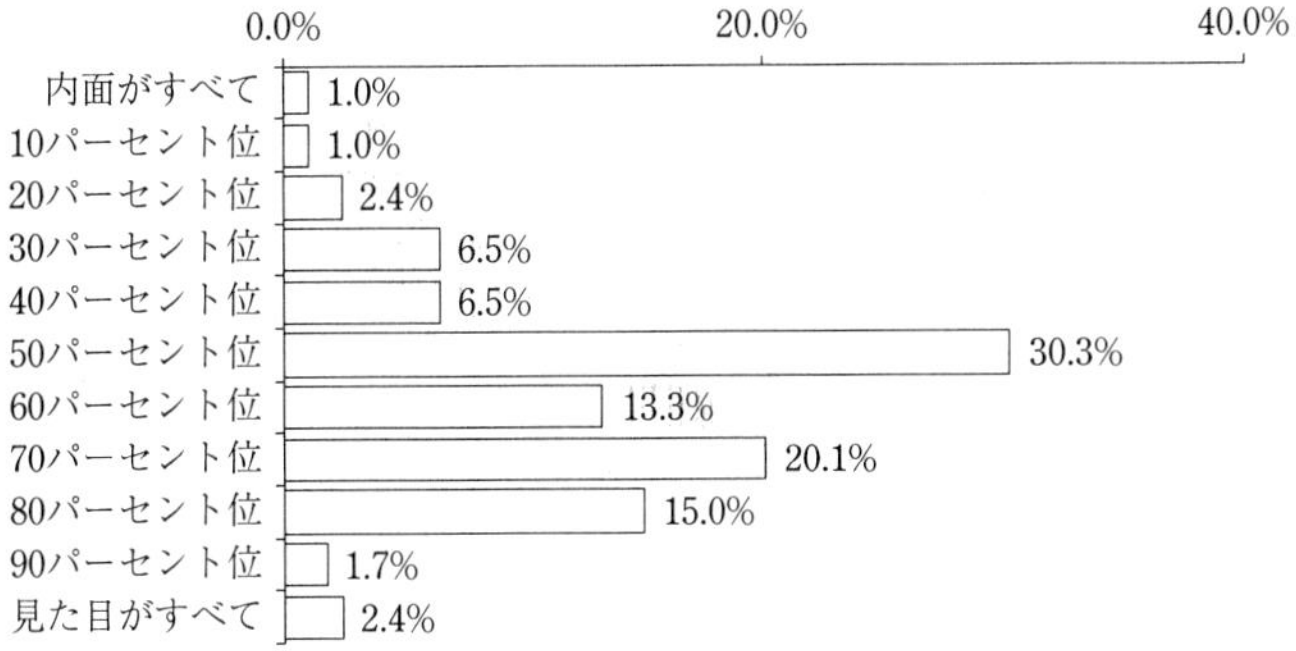

図1　人は見た目が何パーセントか

注）データは2019年暮らしについての西東京市民調査。$N=294$。平均は5.81、標準偏差は1.86。平均を男女グループ別、年齢グループ別、婚姻状態グループ別、教育年数グループ別、従業上の地位グループ別、等価所得グループ別に比較しても、有意な違いはなかった。

コラム３　これまでの美容活動、情報源、美容活動の結果

人びとは、どのような美容活動をしているのだろうか。筆者は２０１９年暮らしについての西東京市民調査で、詳細にデータ収集したので、いくつか紹介したい（調査の概要は序章参照）。

これまでの美容活動経験について「これまで、どのような美容や身だしなみを、したことがありますか（○はいくつでも）」と、またふだんのスキンケアについては「ふだん、顔のスキンケアを、どのようにしていますか（○はいくつでも）」と質問した。図1が、分布を表す。

このように、美容室へいったり、化粧水、日焼け止め、乳液を使用したりすることは、ひろく実践されていた。これにたいし、歯の矯正、歯のホワイトニング、美容皮膚科、美容外科の経験は、やはり限定的であった。

このうち、３つについて開始年齢を（該当者のみに）聞いた。化粧水を使いはじめたのは、平均すると19・7歳であった（該当者は２３０人）。化粧（メイク）だと18・8歳（１６８人）、香水を日常的につけはじめたのは21・9歳（１４１人）であった。

では、情報源はどうか。「ふだん、美容についての情報を、どこから得ていますか（○はいくつでも）」と質問したところ、分布が図2上となった。このように、インターネット、テレビが多いが、友人・知人、家族・親族といった「口コミ」も、しっかり利用されていた。

さらに、化粧品メーカーの使用経験について、「これまで、どのような化粧品メーカーを使った

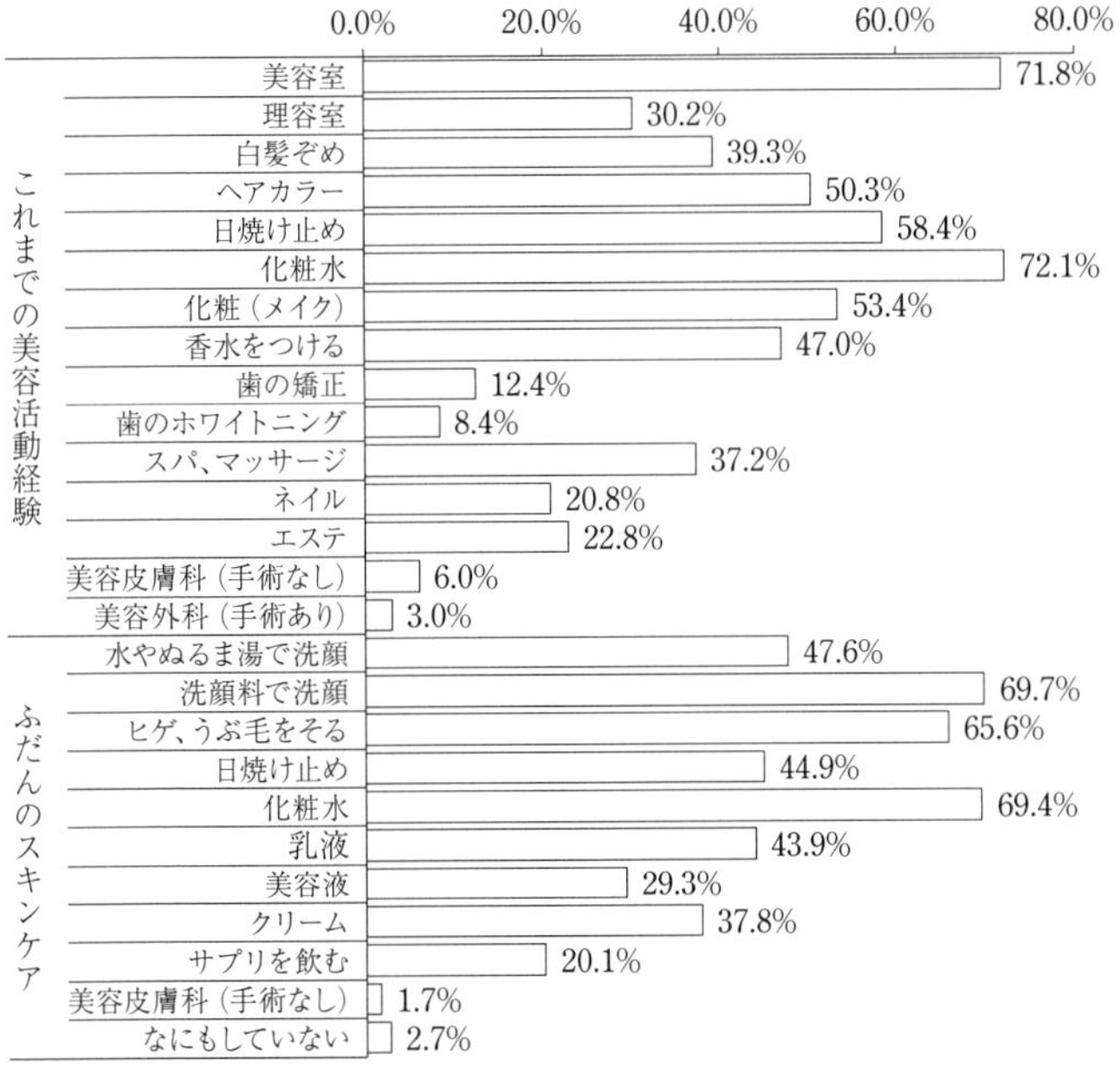

図1　これまでの美容活動経験、ふだんのスキンケアの分布

注）データは2019年暮らしについての西東京市民調査。N=294。複数回答可。

ことがありますか（シャンプーや石けんのぞく、〇はいくつでも）」と質問したら、分布が図2下となった。このように、国産メーカーが中心であったが、欧米メーカーや韓国メーカーもまずまず使用されていた。

　さいごに、美容活動をした結果、どのような経験があるかを「美容や身だしなみをすることで、どのような経験がありますか（〇はいくつでも）」と質問した。図3が分布を表す。このように、圧倒的に清潔感が多く、きれいになった、若々しくなったが続く。幸せな気分、自信など、精神面への効果もあった。ただし、恋愛、結婚、仕事への影響は、限られていた。

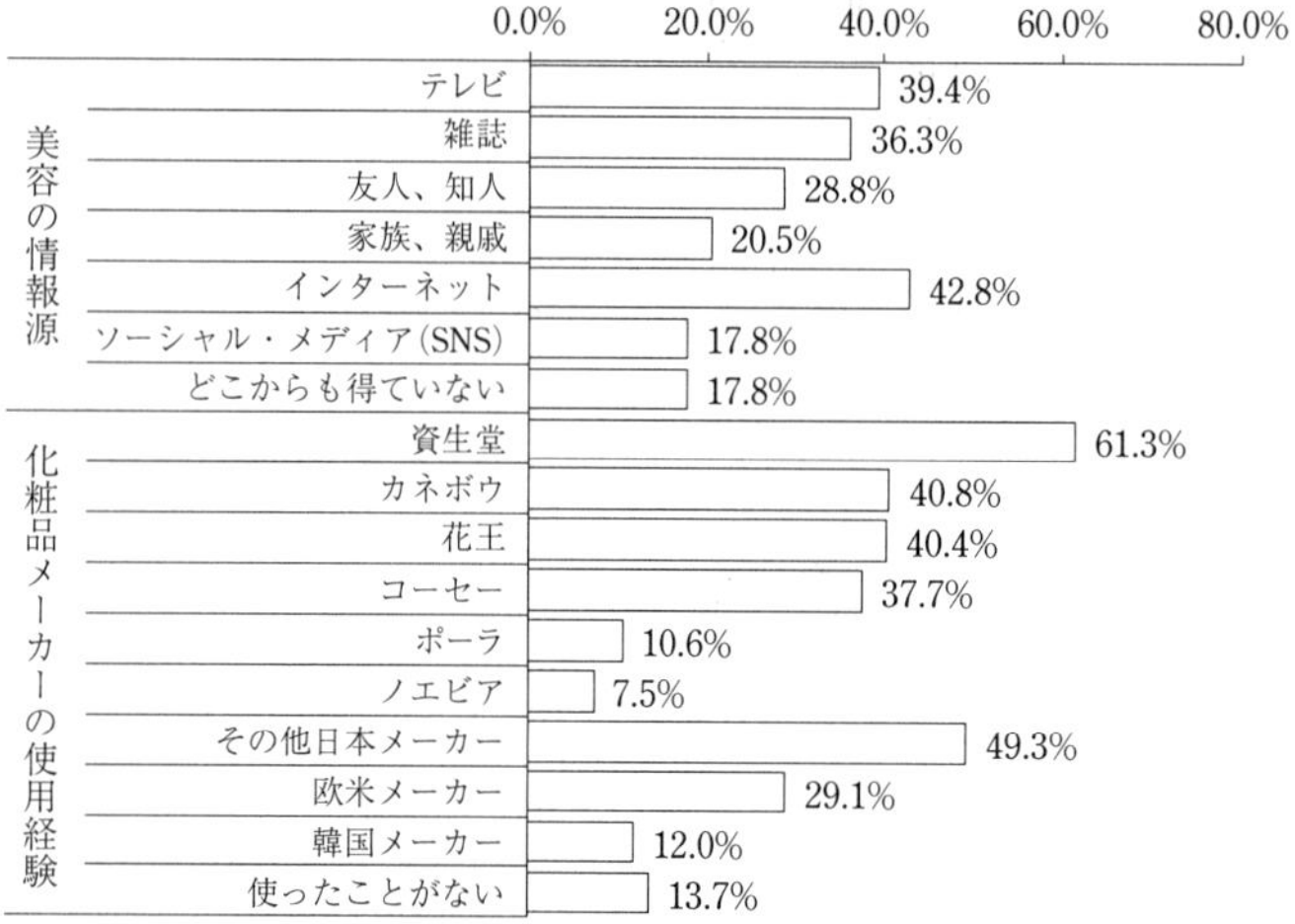

図２　美容活動の情報源、化粧品メーカーの使用経験の分布

注）データは 2019 年暮らしについての西東京市民調査。$N=294$。複数回答可。

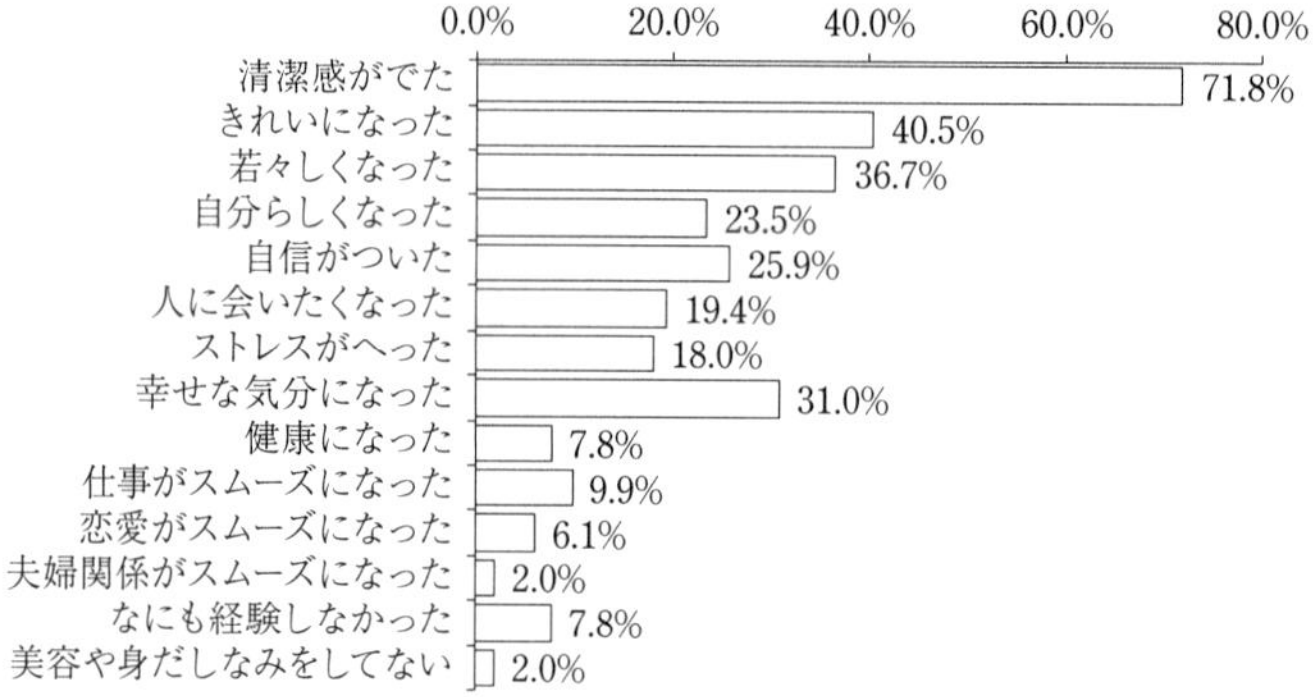

図３　美容活動の結果の分布

注）データは 2019 年暮らしについての西東京市民調査。$N=294$。複数回答可。

コラム４　インドネシアで容姿レベルはどう決まるのか

インドネシアでは、容姿レベルがどのように決まっているのだろうか。この本では、日本人を対象に分析してきた。では、他の社会ではどうなのだろうか。

そこで、筆者たちは「インドネシアにおける容姿の規定メカニズムの計量分析」という論文で、肌の白さが容姿レベルにどう影響するのかを調べた（小林・西村 2018）。インドネシアをはじめ東南アジア社会では、肌明度（はだめいど）が高く肌の白い人が、ハンサムや美人とみなされることが多い。

データは２０１８年インドネシアの地方自治意識調査といい、インドネシアのジャワ島で人びとをランダムサンプリングして収集した（図1がその様子）。1章、4〜6章で用いたデータと同じく、調査票を用いた訪問面接調査であり、調査員に対象者の容姿レベルを他者評価してもらった。３４１２人が対象となった。

容姿レベルについて「対象者は、どれくらいハンサム・美人でしたか。髪型をふくむ顔が対象であり、服装やスタイルは考慮しないでください」と質問し、「あなたの担当した対象者のなかで、もっともハンサム・美人でない20パーセント」を1点、「つぎの20パーセント」を2点、「つぎの20パーセント」を3点、「つぎの20パーセント」を4点、そして「もっともハンサム・美人な20パーセント」を5点とした。

図１　インドネシアにおける調査員へのインストラクション（左）、実査（右）

注）出典：小林・西村（2018）。インストラクションはジャカルタ郊外の南タンゲラン県チプタ村で実施（中央起立が筆者）。実査は東ジャカルタ市チブブール村で実施（左が調査員、中央が対象者、右が筆者）。許可を得て掲載。

さらに、肌明度について「対象者の肌は、どれくらい明るかったでしょうか」と質問した。選択肢は「あなたの担当した対象者のなかで、もっとも暗い20パーセント」が1点、「つぎの20パーセント」「そのつぎの20パーセント」「そのつぎの20パーセント」が2～4点、「もっとも明るい20パーセント」が5点だった。

どのような結果となっただろうか。図2が、評価の例を2人について紹介している。このように、左の20歳代男性は、容姿レベルが3点（中間）、肌明度がもっとも暗い1点と評価された。右の50歳代女性は、容姿レベルが4点（ややハンサム・美人）で、肌明度はもっとも明るい5点だった。

全体ではどうか。図3が、肌明度の5つのグループ別に、容姿レベルの平均がどうだったかを報告する。このように、肌が白い人ほど、明確に容姿レベルが高く評価された。この違いは分散分析で0・1パーセント水準で有意であり、回帰分析で属性、社会経済的地位を統制しても効果が残った。男女別で分析しても、おおむね同じ結果となった。

したがって、インドネシア社会では、肌が白いとハンサム、

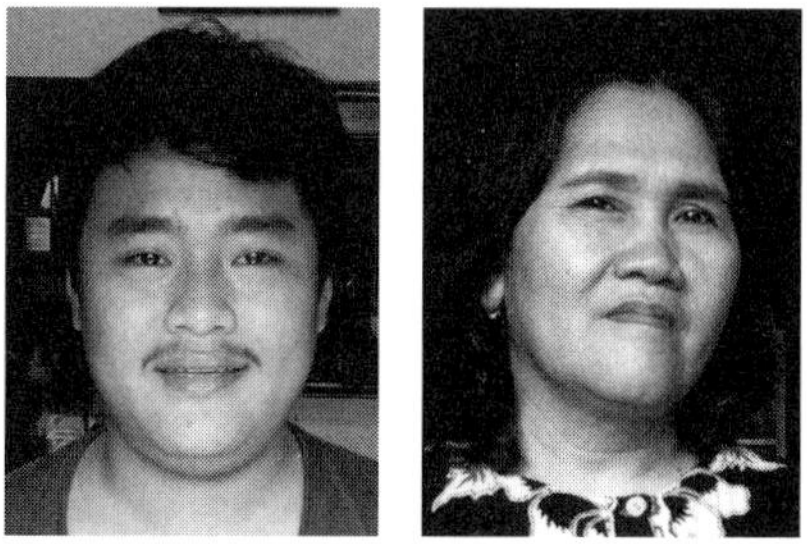

図2　インドネシアにおける容姿レベル、肌明度の評価の例
注）小林・西村（2018）。評価の範囲はどちらも1～5点（もっともハンサム・美人な20パーセント、もっとも明るい20パーセント）。左（20歳代男性）は容姿レベル3点（中間）、肌明度1点（もっとも暗い）。右（50歳代女性）は容姿レベル4点（ややハンサム・美人）、肌明度5点（もっとも明るい）。許可を得て掲載。

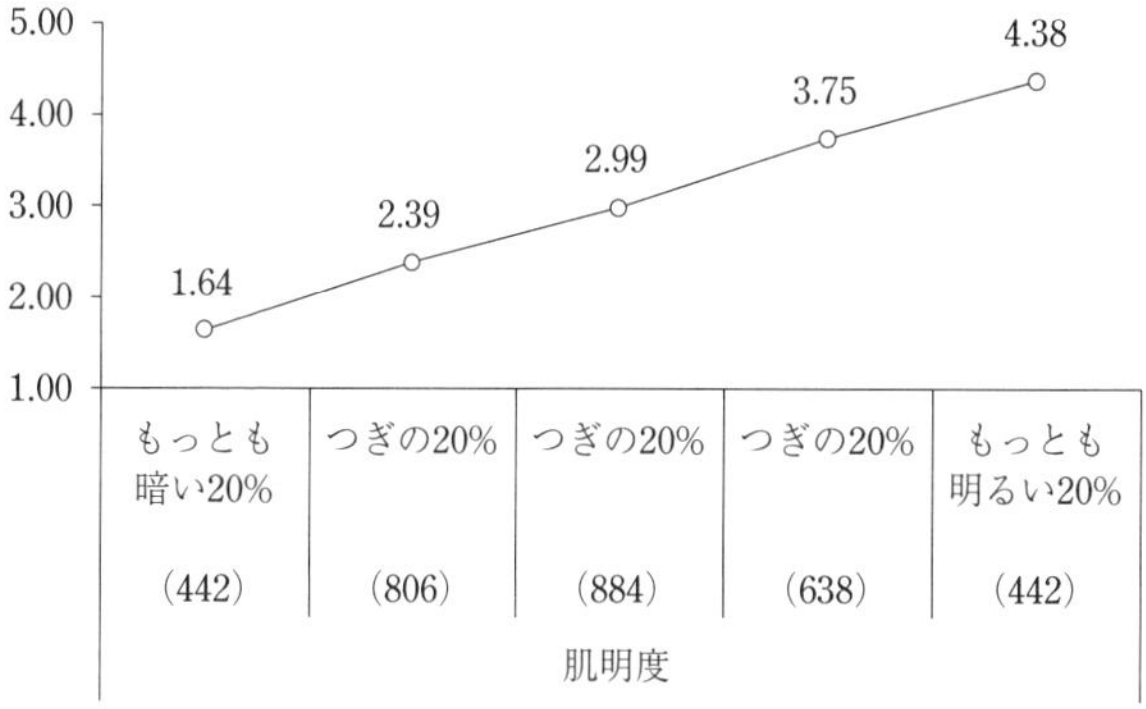

図3　インドネシアにおける肌明度別の平均容姿レベル
注）出典：小林・西村（2018）。データは、2018年インドネシアの地方自治意識調査。N=3412。かっこ内は人数。評価の範囲は1～5点（もっともハンサム・美人な20パーセント）。分散分析で0.1パーセント水準で有意な差だった。

美人とみなされやすかった。日本社会については、しかし、肌明度の役割がまだわかっていない。

1973,『資本論：経済学批判』I, 中央公論社).

Noles, S. W., T. F. Cash, and B. A. Winstead, 1985, “Body Image, Physical Attractiveness, and Depression,” *Journal of Consulting and Clinical Psychology*, 53(1): 88–94.

Umberson, D. and M. Hughes, 1987, “The Impact of Physical Attractiveness on Achievement and Psychological Well-Being,” *Social Psychology Quarterly*, 50(3): 227–36.

Priorities over Spousal Characteristics in a Matching Model," *Journal of Economic Behavior & Organization*, 69: 248–59.

Bourdieu, P., 1979, *La Distinction: Critique Sociale du jugement*, Éditions de Minuit.（石井洋二郎訳，1990，『ディスタンクシオン：社会的判断力批判』１，２，藤原書店）.

Buss, D. M. 1994, *The Evolution of Desire: Strategies of Human Mating*, Basic Books.

Campbell, A., P. E. Converse, and W. L. Rodgers, 1976, *The Quality of American Life: Perceptions, Evaluations, and Satisfactions*, Russell Sage Foundation.

Creswell, J. W. and V. L. P. Clark, 2007, *Designing and Conducting Mixed Methods Research*, Sage.（大谷順子訳，2010，『人間科学のための混合研究法：質的・量的アプローチをつなぐ研究デザイン』北大路書房）.

Diener, E., B. Wolsic, and F. Fujita, 1995, "Physical Attractiveness and Subjective Well-Being," *Journal of Personality and Social Psychology*, 69（1）: 120–29.

Hakim, C., 2011, *Erotic Capital: The Power of Attraction in the Boardroom and the Bedroom*, Basic Books.

Hamermesh, D. S., 2011, *Beauty Pays: Why Attractive People Are More Successful*, Princeton University Press.（望月衛訳，2015，『美貌格差：生まれつき不平等の経済学』東洋経済新報社）.

Hamermesh, D. S. and J. E. Biddle, 1994, "Beauty and the Labor Market," *American Economic Review*, 84（5）: 1174–94.

Hatfield, E. and Sprecher, S., 1986, *Mirror, Mirror...: The Importance of Looks in Everyday Life*, SUNY Press.

Layard, R., 2005, *Happiness: Lessons from a New Science*, Penguin Press.

Lin, N., 2001, *Social Capital: A Theory of Social Structure and Action*, Cambridge University Press.（筒井淳也他訳，2008，『ソーシャル・キャピタル：社会構造と行為の理論』ミネルヴァ書房）.

Marx, K., 1867, *Das Kapital: Kritik der politischen Oekonomie*, Intstitut fuer Marxismus-Lenismus beim ZK der SED.（鈴木鴻一郎他訳，

識調査の計量分析」『ソーシャル・ウェルビーイング研究論集』5: 29-46.
小林盾・渡邉悟史編，2020，「成蹊大学社会調査演習 2019 年度報告書：第 11 回暮らしについての西東京市民調査」成蹊大学社会調査士課程.
千田啓互、2015、『理容師と美容師の争いは、男と女の戦いだった！：歴史と統計から学ぶ業界の歩み』風詠社。
谷本奈穂，2008，『美容整形と化粧の社会学：プラスティックな身体』新曜社.
谷本奈穂，2015，「美容：美容整形・美容医療に格差はあるのか」小林盾・山田昌弘編『ライフスタイルとライフコース：データで読む現代社会』新曜社.
谷本奈穂，2018，『美容整形というコミュニケーション：社会規範と自己満足を超えて』花伝社.
内閣府，2011，『結婚・家族形成に関する調査報告書』.
北条かや，2014，『キャバ嬢の社会学』星海社.
守口剛・中川宏道，2009，「カワイイはつくれる：花王エッセンシャルのブランド再活性化」『マーケティングジャーナル』28(3): 89-101.
森田厚・小林盾，2018，「職業における男女共同参画はどのように推移するのか：理容師と美容師を事例とした歴史分析、1910 ～ 2010 年」『成蹊大学文学部紀要』53: 33-45.
森田厚・小林盾・川端健嗣，2019，「理美容師の志望者はどのような動機をもつのか：自由回答の計量テキスト分析」『成蹊大学文学部紀要』54: 1-10.
山田昌弘・白河桃子，2008，『「婚活」時代』ディスカヴァー・トゥエンティワン.

Becker, G. S., 1964, *Human Capital: A Theoretical and Empirical Analysis, with Special Reference to Education*, National Bureau of Economic Research.（佐野陽子訳，1976，『人的資本：教育を中心とした理論的・経験的分析』東洋経済新報社）.
Bjerk, D., 2009, “Beauty vs. Earnings: Gender Differences in Earnings and

文献リスト

大竹文雄・白石小百合・筒井義郎編，2010，『日本の幸福度：格差・労働・家族』日本評論社.
金井雅之・小林盾・渡邉大輔編，2012，『社会調査の応用：量的調査編 社会調査士 E・G 科目対応』弘文堂.
小林盾，2016，『アクティブ・ラーニング入門：すぐ使える中学校からの 17 メソッド』ハーベスト社.
小林盾，2017a，『ライフスタイルの社会学：データからみる日本社会の多様な格差』東京大学出版会.
小林盾，2017b，「容姿の自己評価は他者からの評価と一致するのか：自計式調査による測定の可能性」『成蹊大学文学部紀要』52: 122–33.
小林盾，2017c，「合理的選択理論の基礎と応用：実証研究へ人的資本，社会関係資本（ソーシャル・キャピタル），文化資本をどう応用できるか」『理論と方法』32(1): 163–176.
小林盾，2019，「だってキャバ嬢って楽に稼げる仕事ですから」：合理的選択理論によるキャバクラ嬢のインタビュー・データ分析」『成蹊人文研究』27: 57–79.
小林盾，2020，「嗜好品の社会学の理論と方法」，小林盾編『嗜好品の社会学：統計とインタビューからのアプローチ』東京大学出版会.
小林盾・川端健嗣編，2019，『変貌する恋愛と結婚：データで読む平成』新曜社.
小林盾・谷本奈穂，2016，「容姿と社会的不平等：キャリア形成，家族形成，心理にどう影響するのか」『成蹊大学文学部紀要』51:99–113.
小林盾・西村謙一，2018，「インドネシアにおける容姿の規定メカニズムの計量分析：美しさは生まれつきか，合理的な投資戦略か」『アジア太平洋研究』43: 197–208.
小林盾・西村謙一・川端健嗣，2019，「主観的ウェル・ビーイングにおける美容資本の役割はなにか：2018 年インドネシアの地方自治意

小林　盾（こばやし・じゅん）

1968年生まれ．成蹊大学文学部教授，成蹊大学社会調査研究所所長
専門：社会的不平等，ライフスタイル，数理・計量社会学
主要著作：
　『嗜好品の社会学：統計とインタビューからのアプローチ』（編著，東京大学出版会，2020年）
　『変貌する恋愛と結婚：データで読む平成』（共編，新曜社，2019年）
　Contemporary Japanese Sociology（共編，Sage，2017年）
　『ライフスタイルの社会学：データからみる日本社会の多様な格差』（東京大学出版会，2017年）
　『アクティブ・ラーニング入門：すぐ使える中学校からの17メソッド』（ハーベスト社，2016年）
好きなもの：旅行，スイーツ，早起き

シリーズ　数理・計量社会学の応用 1

美容資本——なぜ人は見た目に投資するのか

2020年 3 月20日　第 1 版第 1 刷発行

著　者　小《こ》林《ばやし》　盾《じゅん》

発行者　井　村　寿　人

発行所　株式会社　勁《けい》草《そう》書房

112-0005 東京都文京区水道2-1-1　振替　00150-2-175253
（編集）電話 03-3815-5277／FAX 03-3814-6968
（営業）電話 03-3814-6861／FAX 03-3814-6854
本文組版 プログレス・港北出版印刷・中永製本

ISBN978-4-326-69842-4　Printed in Japan